大学受験 TERIOS

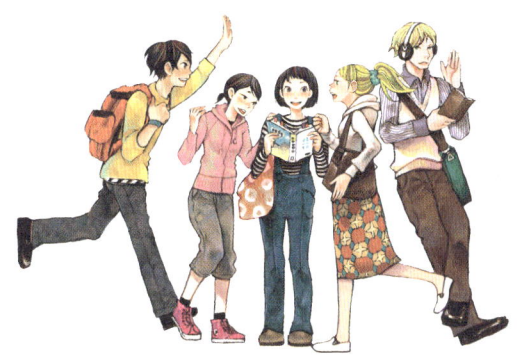

Reading Comprehension for University Entrance Exams - 300words

イチから鍛える英語長文300

CD

別冊トレーニングブック

内川貴司
秀英予備校

武藤一也
東進ハイスクール

Gakken

CONTENTS 【目次】

本書を使った勉強の仕方 …………………………………… 4
長文読解力を鍛える10の鉄則 …………………………… 8

DAY 1
ブロッコリーの効用
出題校：東邦大学　語数：332語　難易度：👑👑♔♔♔
問題 15　解答 82

DAY 2
動物園で消費される象
出題校：日本大学　語数：349語　難易度：👑👑♔♔♔
問題 19　解答 87

DAY 3
砂漠の動植物の不思議な生態
出題校：国士舘大学　語数：364語　難易度：👑👑♔♔♔
問題 23　解答 92

DAY 4
嘘をつく子供は知的レベルが高い!?
出題校：甲南大学　語数：332語　難易度：👑👑♔♔♔
問題 27　解答 97

DAY 5
インドやアフリカの映画産業事情
出題校：阪南大学　語数：377語　難易度：👑👑♔♔♔
問題 31　解答 102

DAY 6
スキルの有無と収入格差
出題校：明海大学　語数：369語　難易度：👑👑👑♔♔
問題 37　解答 107

DAY 7
英国のサッカーの歴史
出題校：日本女子大学　語数：392語　難易度：👑👑👑♔♔
問題 41　解答 112

DAY 8
移民の子が二つの国の文化に精通する難しさ
出題校：日本女子大学　語数：358語　難易度：♛♛♛♔♔

問題 45　解答 117

DAY 9
魚は痛みやストレスを感じるのか
出題校：実践女子大学　語数：343語　難易度：♛♛♛♔♔

問題 49　解答 122

DAY 10
人は皆演じているのだ
出題校：早稲田大学　語数：337語　難易度：♛♛♛♛♔

問題 55　解答 128

DAY 11
バイオマスエネルギーの利点と欠点
出題校：東京理科大学　語数：377語　難易度：♛♛♛♔♔

問題 59　解答 134

DAY 12
ある著者の日記
出題校：慶應義塾大学　語数：362語　難易度：♛♛♛♛♔

問題 65　解答 139

DAY 13
日本人のロボットに対する意識
出題校：法政大学　語数：420語　難易度：♛♛♛♔♔

問題 69　解答 144

DAY 14
ケープコースト城の歴史
出題校：上智大学　語数：362語　難易度：♛♛♛♛♛

問題 73　解答 149

DAY 15
良いリーダーの条件
出題校：西南学院大学　語数：365語　難易度：♛♛♛♔♔

問題 77　解答 155

掲載英文の出典一覧 ……………………… 81
別冊「トレーニングブック」

HOW TO USE IT 【本書を使った勉強の仕方】

読解力鍛錬のカギは良問の"演習"と"反復"！

長文問題集は「一度解いて終わりにしない」ことがたいせつです。できる人ほど同じ長文を何度も読んでいるのです。キーワードは「演習」と「反復」。ここでは本書を使った理想的な勉強の仕方を紹介します。実践すれば，かならず力がつきますよ。

演習 STEP ① 解く —— まずは問題を解いてみよう！

　はじめに「Warming up」で語彙のチェック。語彙が足りないと判断した場合，別冊「トレーニングブック」の「語句＆表現」一覧に目を通したうえで解くことをおすすめします。語彙は長文を読解するうえでの"予備知識"と心得ましょう。

　つぎに英文を読んで問題を解きます。「設問レベル1」は主に入試定番の設問形式への解答力を養うパート，「設問レベル2」は主に長文の読解力を養うパートです。それぞれ「⏱時間制限アイコン」にある制限時間を意識しながら，実際に試験を受けるつもりで解いてみましょう。

　さいごに巻末の「正解＆解説」で答え合わせ。解答の根拠やあわせて覚えておきたいPOINTをていねいに解説してあるので，よく読みましょう。また，うまく訳すことのできなかった箇所は「読み下し訳」と「構文解説」でかならず確認するようにしましょう。

反復 STEP❷ 聴く ── 付属のCDで読み上げ音声をインプット！

　本書に付属しているCDには各長文をネイティブスピーカーが読み上げた音声データが収録されています。正しい発音や読み方をインプットするため、何度もくりかえし聴きましょう。スマートフォンやポータブルのオーディオプレーヤーに音声データを取り込めば、いつでもどこでも学習が可能です。

　なお、iPhoneやAndroidスマートフォンをご利用の方は「音声の話速変換（再生速度の調節）機能」がついたアプリを探して利用することもできます。音声の速さを調節したい場合は、ぜひ活用してみると良いでしょう。

　耳が慣れてきたら、つぎのステップ、「音読」へ移行します。

反復  ──別冊「トレーニングブック」でアウトプット！

　別冊「トレーニングブック」を活用して「音読」をします。「音読練習」のパートには，左ページに「音読用英文」，右ページに「大意」が掲載されています。CDの音声にあわせて読めるようになることを目標に，何度も音読の練習をしましょう。
　なお，「語句＆表現」のパートには，英文のなかに登場する，かならず覚えておきたい重要語をまとめて掲載しています。語彙は〝予備知識〟です。語彙があいまいだと，音読の効果も半減します。音読のまえに掲載語の意味をすべて言えるようにしましょう。

長文読解力を鍛える10の鉄則
The 10 Most Important Tips for Improving Your Reading Skill

長文問題の演習をはじめるまえに,意識してもらいたいことを10挙げます。この10の鉄則は,これから英語長文の読解力を鍛えていくうえでの基本方針となるものです。この基本方針がみなさんの「習慣」に変わるまでは,何度もここのページに戻って確認をしてください。

鉄則1　まず設問に着目,長文は緩急をつけて読む!

入試の長文問題にはかならず設問がついています。長文を読みはじめるまえに,まずは設問に目を通してください。ざっとでいいです。「どのパラグラフ（段落）で何が問われているか」「どのキーワード（テーマ）に着目して読み進めればいいか」を事前に把握するのが目的です。本文に下線や空欄があれば,その周辺はじっくりと入念に読む必要があります。**速読**と**精読**を使いわけ,緩急をつけながら読んでください。

そして,**設問形式**に慣れてください。さまざまな形式の設問に対する場数をふむことで,「解答の手がかりの在り処」を予測しやすくなるからです。本書の「設問レベル1」は,主に**入試定番の設問形式への解答力**を養うことを目的に構成しています。「下線部和訳」「空所補充」「内容一致」「内容説明」「脱文挿入」など,入試で問われることの多い設問形式をできるかぎり採用したので,徹底的にトレーニングを積んでください。

鉄則2　読みながら要点整理,読解はマクロの視点を駆使する!

「長文を読みすすめていくうちに,はじめの方の内容を忘れてしまうのですが…」。みなさんも似たような状況に陥ったことはありませんか。じつはこの悩み,生徒からの相談で断トツの1位です。

このような状況に陥るケースの多くは,**きちんと要点を整理できていない**ことが原因です。これへの対処法は,「**読みながら簡単なメモを残していく**」こと。これしかありません。この悩みをもつ生徒に共通していることが一つあります。それは,「問題用紙が綺麗なまま」であることです。英文はどんどん書き込みを入れるものです!英文を読みながら,日本語でメモを残していきましょう。

一つのパラグラフを読み終えたら,パラグラフの内容を一言でまとめてみるとよいです。英語の論説文は,原則として,一つのパラグラフで一つの内容が述べられます。ですから,やみくもに一文一文を和

訳していくのではなく,「このパラグラフでは何が主張されているのだろう？」と意識しながら，段落全体を見渡して読むことがたいせつです。この「マクロの視点」の読解に慣れましょう。

本書の「設問レベル2」は，主に長文の読解力を養うことを目的に構成されています。「要約問題」に取り組むことで，要点を整理しながら読むトレーニングを積んでください。

鉄則3　速読力を磨く！

長文問題には大きく二つのパターンがあります。一つは，精密な構造把握が求められる「精読型」。もう一つは，迅速な要点把握が求められる「速読型」です。近年，出題が目立つのが後者の「速読型」の長文。試験時間内に膨大な量のテキストを読ませるのが特徴です。速読型の長文問題で安定して高得点をとるには，かぎられた時間内で多くの英文を読む（＝素早く内容を理解する）必要があります。

速読するためには，以下の二つを意識的に行うようにしてみましょう。

意識❶
わからない箇所がでてきても，
とりあえず読み進めてみる

意識❷
なるべく「返り読み」をせず，
左から右に「読み下す」

英文でわからない箇所に出くわすと，すごろくの「ふりだしに戻る」のように，つい長文の冒頭や段落のはじめに戻って読みなおす癖のある人がいます。そのような人は，❶の**とりあえず読み進めてみる**をとくに強く意識する必要があります。というのも，膨大なテキストの処理を求められる速読型の長文で「ふりだしに戻る」をしていると，設問を消化できなくなるおそれがあるからです。じつは理解できなかった英文のヒントや具体的な説明がその先に隠されている場合も少なくないのです。だから，とにかく前に進む！

❷の**返り読みせず，読み下す**も重要です。「返り読み」とは，一度文をピリオドまで読んだあとに折り返して後ろから訳していく読解法です。例えば，「I read a book.」を一度読んでから，I→a book→read という順番に訳していくことですが，これをしていると読むのにたいへん時間がかかります。左から右に「読み下す」ように訓練してください。本書では，「正解＆解説」に「読み下し訳」を載せています。これをヒントに，左から右に読み下していくトレーニングを積んでください。

鉄則7でくわしく説明しますが，速読力を鍛えるのに最も有効なトレーニングが**同じ英文をくり返し読むこと（復習）**です。付属のCDを聴き，音声をマネしながら音読を繰り返しましょう。別冊の最終ページに「**音読チェックリスト**」を用意しています。音読をしたら，リストに日付を記入するようにしてください。

鉄則4　SとVに着目しながら読む！

英文を読むときは，かならずSとVを意識して読みましょう。とくに分詞，関係詞，文の挿入など

が入り込み，英文が複雑になっている場合こそ，S と V をおさえることが理解の突破口になります。つぎの英文を見てください。

❶ Who the first fire user was is a secret lost to history.

この文は，"Who the first fire user was" が S，"is" が V です。このように SV を見抜くことができると，文を大きく誤読する可能性を回避しつつ，「誰がはじめに火を使ったかは，○○である」のように文の大枠の構造（骨格）をとらえることができるようになります。ちなみに❶の文は，"a secret" が C で，"lost to history" の部分が a secret を修飾しています。構造を図解してみましょう。

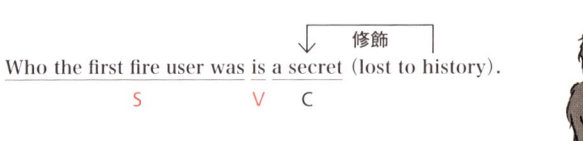

訳 誰がはじめに火を使用したかは，歴史の失われた秘密である。

S と V をおさえることで，大枠の構造をとらえることは出来ますが，設問に関わる部分は SV をおさえるだけでは不十分です。かならず文型を見抜くようにしましょう。つぎの英文の意味を考えてください。

❷ Americans often keep the political group that they like secret.

この英文は "Americans" が S，"keep" が V，"the political group that they like" が O (that they like の部分は関係詞節)，secret が C です（ちなみに❶の例文では secret は名詞，❷の例文では secret は形容詞）。構造を図解してみましょう。

Americans \<often\> keep the political group that they like secret.
　　S　　　　　　　 V　　　　　　　　　O　　　　　　　　　　 C

訳 アメリカ人はしばしば，自身が好む政治団体を秘密にしておく。

ここまでで英文を読むときの基本的な「構え」が理解できたでしょうか。英文は SV に着目し，鉄則3 で紹介した「読み下し」を駆使してざっくりと読み進める。そして，設問にからむ部分は文型をとりながらじっくりと読む。ぜひこの構えを習得しましょう。

鉄則5　語彙の習得と定着を常に意識する！

本書では長文問題を解く前段階に「語彙力をチェックする問題（Warming up）」を 10 問用意しています。Warming up の問題を 8 問以上正解できなかった場合，その長文を読解するのに必要な基本的語彙が不足していると認識してください。その際は，別冊「トレーニングブック」にある重要単語の

一覧（語句＆表現）を一度確認してから，問題を解くのも手でしょう。

さて，ここで「読解における語彙」について触れておきましょう。語彙は「予備知識」。読解のうえで欠かすことができない知識が単語です。基本的な語彙が不足していると，英文の理解度がガクッと下がり，読み進めることがきわめて困難になります。

> Q. つぎの英文を訳してみましょう。
> Every summer I visit the grave of my ancestors. In front of it I sometimes wonder what they would think of the society I live in today. They would be surprised to see how advanced it is.

grave と ancestor の意味が分からなければ，手も足も出ませんね。最初の文はもちろんのこと，第二文の "in front of it" の it は grave を指していますし，"what they would" の they は ancestors を指していますから，この二つの単語を知らないで英文を読み進めるのは事実上不可能です。

では，特別に grave の意味をお教えしましょう。grave は「お墓」です。grave が「お墓」だと知っていれば，ancestor の意味を想像しやすくなるのではないでしょうか。

> Q. ＿＿＿に入る言葉を推測してみましょう。
> 毎年，夏に私は私の＿＿＿のお墓を訪ねる。

お墓ですから，当然すでに亡くなっている人でしょうね。my（私の）という代名詞の所有格がついていることも見逃してはいけません。どうでしょうか。「ご先祖」という言葉が浮かんできませんか。上の英文は「私は 先祖 のお墓を訪ねる」が正解です（全文の🆁は「私は毎年夏に先祖のお墓を訪ねる。お墓の前で私は先祖が今日私の住む社会をどのように思うのかと時々考える。彼らは社会がどれほど進歩しているかが分かると驚くだろう」です）。このように，既知の情報（知っていること）をもとに未知の情報（知らないこと）を推測する能力が英文読解には求められます。みなさん，「クロスワードパズル」で遊んだことがありますよね。クロスワードパズルでは，難しい問題（カギ）は，すでに知っている情報（クロスしているカギを解いて得られた文字）をヒントに答えを導きだします。英文読解も同じです。語彙が増えることは，知らない単語を推測するヒントが増えることを意味するのです。

ついでに「語彙力の鍛え方」についてもイチからレクチャーしておきましょう。語彙力の強化は，つぎに挙げる二通りのやり方を実践するのがコツです。

STEP ❶
愛用の**単語帳**で語彙を覚える

STEP ❷
読解を通じて**文脈**に関連づけて語彙を覚える

まずは語彙の「量」を強化することが先決です。なぜなら，すでに述べた通り，語彙量がある程度な

ければ，まとまった英文を読むことは困難だからです。みなさん，「**単語帳**」は持っていますね。まずは単語帳のなかの「**基本的な単語（難単語をのぞいた部分）**」の領域を一周してください。意味の言えなかった単語にはチェックをしておきます。チェックをつけた単語をもう一周します。これを繰り返すことで，着実に語彙を増やしていきます。「基本的な単語」を覚えたら，「**量**」から「**質**」への転換です。これは「**読解**」を通じて行います。**単語を文脈に位置付けて訳せるようになってはじめて語彙が定着した**といえるのです。たとえば，charge

のような多義語であれば，文脈によって語義を使い分ける必要もでてくるでしょう。useful を単語帳で「役立つ」とのみ覚えていた場合，読解を通じて「be useful for（〜に役立つ）」という**語法**に触れる機会を得られるでしょう。これが，語彙における「**質**」の強化です。

　ある程度読解をこなしたところで，英単語帳の「難単語」の領域の語彙もおさえておきたいです。読解を通じて未知の単語に出会うこともあるでしょうから，その語彙もあわせて覚えていきます。こうして，単語帳と読解とで**同時並行的に語彙を増強**するのです。

　さいごに，効率よく語彙を増やすテクニックにも触れておきます。それは，**接頭辞・語幹・接尾辞**という単語の構造に着目することです。接頭辞・語幹・接尾辞とは，漢字でいうところの「偏（へん）」や「旁（つくり）」や「冠（かんむり）」のようなものと思ってください。構造で単語をとらえるテクニックは二つの点で非常に有効です。❶未知の単語の意味を推測しやすくなる，❷（構造を意識して覚えた）単語の意味を忘れにくくなる。ちなみにですが，さきほどの ancestor は「an-（先に）＋ cest（行く）＋or（人）」と接頭語・語幹・接尾辞に分けて考えることができます。こうした構造による理解で語彙を増やすテクニックは本書の「コラム」でも紹介しているので，ぜひ参考にしてみてください。

鉄則6　頻出テーマの背景知識を武器にする！

　日本語で書かれた文章を読むとき，その文章がなじみのあるテーマについて書かれたものだとスラスラ読めるのに対し，なじみの薄いテーマだと思った以上に時間がかかってしまうことがありますよね。英語でも同じことが言えます。入試本番で，なじみのあるテーマから長文が出題されたとすれば，それだけ問題に取り組みやすくなります。

　大学受験の長文問題では，志望学部に特化したテーマが問われることはそれほど多くはありません。理系学部でも歴史的なテーマが，文系学部でも科学的なテーマが問われます。したがって，どんなテーマが問われても合格点を取ることができるくらいのブレのない読解力を身につけなくてはいけません。

　この問題集では，大学入試で過去に問われた長文のなかから，「**入試によく出る**」，「**これからも出題が予想される**」テーマやジャンルの長文を厳選しました。ですから，みなさんが本書の問題に取り組むうちに**自然と入試頻出の英文テーマに触れることができる**ように工夫されています。

　試験本番で「武器」となる背景知識をぜひ手に入れてください。

鉄則7　精読した英文は何度もくりかえし読む！

　読解力をつけるには，おびただしい数の長文を解く（読む）必要があると思っている人はいませんか。もちろん，ある程度の「量をこなす」ことも重要です。しかし，本質はそこではありません。「たくさん読むこと」よりも，「**しっかり読むこと**」，さらに「しっかり読んだ」ものを「**くりかえし読む**」ことがポイントなのです。まずは，つぎの流れを頭に入れてください。

STEP ❶	STEP ❷	STEP ❸
問題を解くために通読	長文を理解するために精読	速読力を鍛えるために音読

　STEP ❷の「精読」は，STEP ❸の「音読」に移行するまえにかならず済ませておく必要があります。というのも，精読を済ませていない英文を音読した場合，効果が激減するからです。精読とは，簡単に言えば，**訳せない文がない状態まで分析すること**です。未知の単語や文構造のあいまいな箇所が残らないように徹底的に読みこんでください。精読の際には，「正解＆解説」の「読み下し訳」を活用しましょう。また，文構造が複雑な箇所は「構文解説」で特集しているので参考にしてください。

　精読を終えたら，別冊「トレーニングブック」を活用して，STEP ❸の「音読」に取り組みます。ただ漫然と読むのではなく，目的意識をもって読むといいです。「今回は語彙を意識しよう」とか，「同時に訳を頭に浮かべることを意識しよう」，「論理展開を意識しよう」といったふうにです。とくに難関大を目指す人は「論理展開（マクロの視点）を意識」した音読の回数を増やすことをおすすめします。

　音読を習慣化すると，確実に速読力が身についていくのを感じられると思います。ぜひ，「**精読のち音読**」を実践してください。

鉄則8　CDを最大限に活用する！

　何度もくりかえしますが，長文読解で大切なことは「復習」です。復習には「精読のち音読」が欠かせませんが，ただやみくもに音読するのはNGです。ここで，CDの出番です。

　音読の際は，かならずCDを聴いて音読をしてください。CDのマネをしながら音読をして，正しい英語の**発音・イントネーション・リズム**を脳に覚えさせます。

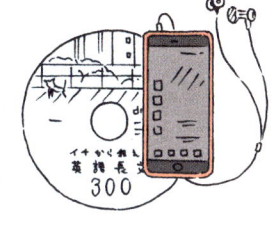

　音読の際は，別冊「トレーニングブック」の「音読用英文」を見ながら，スラスラ読めるようになるまでくり返してください。音読で大切なことは「**スラスラ読める英文を増やすこと**」です。大量に読むことではありません。完璧に読める英文をひとつひとつ増やしていくのが重要だと心得ましょう。

　最終的にはCDを聴いただけで英文の意味が浮かぶようになれば，この問題集はクリアです。その状態になるまでCDを聴き，音読をくりかえすことで，**自然とリスニングも得意になっている**という嬉しいオマケもつくはずです。くどいようですが，最後にもう一度だけ言います。長文問題を解いたあとは，かならずCDを聴き，何度も音読しましょう。

鉄則9　空き時間を最大限に活用する！

　受験勉強は時間との戦いです。かぎられた時間を有効活用することで短期間での実力アップにつなが

ります。「**机でする勉強**」と、「**外出しながらできる勉強**」を区別しながら、効率よい学習をしましょう。

この問題集に関して言えば、「**机でする勉強**」は**問題を解くこと**です。一方で、解いた長文を**復習すること**は「**外出しながらできる勉強**」です。復習は別冊「トレーニングブック」で行うのでしたね。本書では、みなさんが通学中や移動中などの外出時でも学習しやすいよう、復習パートをすべて別冊にまとめています。例えば、電車で通学している人は駅と駅のあいだで長文一つを一気に速読したり、単語や熟語を一気に確認したりするなど、目標を立てた復習をすると集中力が増し、効率のよい学習ができます。

また「CD」を活用(スマートフォンやポータブルのオーディオプレーヤーにインストールするのがおすすめ)し、音声を聴きながら英文を読んで内容を追ってみる。慣れてきたら、英文を見ずに耳だけを頼りに内容を追ってみる。これにより、速読力のほかにリスニングの基礎力も鍛えられます。こうして鍛えた英語力は、将来ビジネスや英会話にも活かせる「一生もの」の英語力になるはずです。

> **鉄則10** 仕上げは受験校の過去問よりも長めの長文で特訓する！

問題をすべて解き、精読し、音読をくり返し、CDの音声を聴くだけで英文の意味が浮かぶようになれば、この問題集はクリアだと **鉄則8** で述べました。じつはもう一つだけ実践してもらいたいことがあります。それは「**さらに長めの英文にチャレンジすること**」です。

もしかすると、みなさんのなかには、志望校で出題されるワード数を意識して、この問題集を手にとった方がいるかもしれません。「受験校ではこれよりワード数の多い英文は出題されないから、これ以上に長い長文の対策はしなくてもいいや」と思う方もいるでしょう。結論を言いますと、**受験校で出題される長文と同程度の長さの長文にしぼって学習を取り組むのはおすすめ**しません。

マラソンの「高地トレーニング」のように考えてください。読み慣れた長さより長い英文に取り組み、自分に負荷をかけることで、「読解の基礎体力」をつけるのです。志望大学の一つの大問の長文は短いかもしれませんが、その大問が二つ、三つと続くのが入試本番です。でも、大丈夫です。入試本番よりも長い英文に慣れておけばいいのですから、恐れるに足りません。仕上げは『イチから鍛える英語長文500』をはじめとした、受験校の過去問よりも長めの英文にかならずチャレンジしてくださいね。

——それでは、いまから英語長文の学習をはじめます。

著者 内川貴司 武藤一也

DAY 1

出題校	東邦大学
語数	332 語
難易度	♛♛♕♕
正解 & 解説	p. 82

Warming up

次の語(句)の正しい意味を選びましょう。 » 重要語句リストは別 p.33 参照。

(1) in conclusion
　① それに比べて　② 一般的に言って　③ 要するに　④ たとえば

(2) nutrient
　① 窒素　② 栄養素　③ 酵素　④ 尿素

(3) large amounts of
　① 大量の　② 多数の　③ 極めて重要な　④ 大型の

(4) beneficial
　① 慈悲深い　② 表面的な　③ 荘厳な　④ 有益な

(5) digest
　① 消化する　② 発掘する　③ 招待する　④ 分析する

(6) dissolve
　① 解決する　② 解雇する　③ 溶ける　④ 含有する

(7) reduce
　① 勧誘する　② 減らす　③ 回想する　④ 逆行する

(8) lower
　① 謝罪する　② 譲歩する　③ あきらめる　④ 下げる

(9) in addition
　① その上　② それにもかかわらず　③ その結果　④ ところで

(10) constipation
　① 発汗　② 動悸　③ 鈍痛　④ 便秘

Answers (1)-③ (2)-② (3)-① (4)-④ (5)-① (6)-③ (7)-② (8)-④ (9)-① (10)-④

次の英文を読んで，後の設問に答えなさい。　 20min

　　I hate broccoli. I could easily live the rest of my life without ever eating another piece of broccoli again. Yet I now eat broccoli every day. I do this because broccoli is absolutely the best food for losing weight.

　　The first reason broccoli is a good diet food is that it is rich in nutrients. Like all green vegetables, broccoli is full of vitamin A. In addition, a cup of broccoli has as much vitamin C as a whole orange. Vitamin C helps your body burn fat. Broccoli also contains large amounts of other vitamins and minerals. This is important for dieting because your body （1） nutrients, and if you don't get enough of them, you want to eat more. Therefore, by eating broccoli you become satisfied sooner and eat less.

　　While broccoli is very high in nutrition, it is also low in calories. One hundred grams of boiled broccoli contain only 35 calories. The （2） of broccoli's large bulk and low calorie count leads some people to call it a "negative calorie food." This supposedly means that your body spends more calories digesting these foods than it gets from eating them.

　　Most importantly, broccoli is full of fiber. Half of the fiber in broccoli is soluble, meaning it dissolves in water, and the other half is insoluble. Both kinds of fiber are necessary for good health. Soluble fiber lowers your LDL cholesterol and reduces the risk of heart disease. It also

(3) the broccoli slow to digest, so you feel full longer. The insoluble fiber in broccoli helps clean out your system, prevents constipation, and removes waste from your colon. Thus, having both kinds of fiber makes broccoli an especially beneficial food to eat.

In conclusion, broccoli is a great food for losing weight. Its high nutrition content, low calories, and fiber make it (4) for both dieting and health. Even though I don't really like its taste, it has so many benefits that I now eat it every day.

(※)

設問レベル1　⏱15min　Question level 1

問1 英文中の(1)〜(4)の空所に入れるのに最も適する語を①〜④のうちから選びなさい。

(1) ① helps　② needs　③ denies　④ grows
(2) ① positioning　② configuration　③ combination　④ uniformity
(3) ① makes　② lets　③ binds　④ gives
(4) ① perfect　② healthy　③ most　④ realistic

問2 (5)〜(9)の設問に対して最も適する答えを①〜④のうちから選びなさい。

(5) Why is it important when dieting to eat foods that have a lot of nutrients?
　① We want to eat more food if we don't have enough nutrients.
　② Nutrients help to build muscle.
　③ Nutrients help to lower our cholesterol.
　④ Our bodies need nutrients for proper digestion.

(6) Why is broccoli sometimes referred to as a "negative calorie food?"
　① It contains no calories.
　② It has more nutrients than calories.
　③ It has a lot of vitamin C.
　④ It takes more calories to digest than it gives you.

(7) **Why is broccoli's fiber special?**
① It has more fiber than most other foods.
② It has two kinds of useful fiber.
③ Its fiber is better at lowering LDL cholesterol than other fiber.
④ Its fiber helps your body absorb nutrients.

(8) **What is the benefit of broccoli's soluble fiber?**
① It removes waste from your system.
② It gives broccoli its large bulk.
③ It slows digestion.
④ It dissolves in water.

(9) **How does the author feel about broccoli now?**
① She really likes it.
② She still doesn't like how it tastes.
③ She thinks it is very good for her health.
④ Both ② and ③.

問3　本文中に出てくる次の単語と下線部の発音が異なるものをそれぞれ一つ選びなさい。

(10) vitamin
① right　　② height　　③ gate

(11) burn
① early　　② hurt　　③ heart

設問レベル2　　⏱5min｜Question level 2

要約　空所に適する語句を選択肢から補って，要約文を完成させましょう。

❶ ブロッコリーはたくさんの栄養素を含み，　(a)　ので，　(b)　。また，かさが大きいわりに低カロリーで，　(c)　よりも低い。さらに，食物繊維もたくさん含むが，消化されにくい食物繊維は，　(d)　。ブロッコリーは　(e)　である。

❷ ブロッコリーは健康にも良い食品で，消化されやすい食物繊維は，　(f)　の危険を減らし，　(g)　を防いでくれる。

選択肢　①心臓病　②格好のダイエット食品　③消化に必要なカロリー　④便秘　⑤満腹感が持続する　⑥摂取量が減る　⑦すぐに満足感が得られる

DAY 2

出題校 **日本大学**
語数 **349語**
難易度 ♛♛♕♕
正解&解説 **p. 87**

Warming up

☐ 次の語(句)の正しい意味を選びましょう。　》重要語句リストは別 p.33 参照。

(1) **life expectancy**
① 人生の希望　② 平均寿命　③ 生命反応　④ 生体実験

(2) **female**
① 名声のある　② 飢餓の　③ 数奇な　④ メスの

(3) **despite**
① 軽視する　② 〜にもかかわらず
③ 落胆した　④ 沈黙

(4) **obtain**
① 憤慨する　② ぼやかす　③ 明らかにする　④ 獲得する

(5) **according to**
① 〜に比べて　② 〜に応じて　③ 〜によると　④ 〜に反して

(6) **be likely to** *do*
① 〜しやすい　② 〜するところである
③ 〜するに違いない　④ 〜したがる

(7) **consume**
① 消費する　② 再開する　③ 仮定する　④ 思い込む

(8) **wildlife**
① 荒野　② 野蛮　③ 野生生物　④ 原生林

(9) **on average**
① 最大で　② 平均で　③ 過剰に　④ 冷静に

(10) **significantly**
① 大量に　② あからさまに　③ それとなく　④ 著しく

DAY 2

■ 次の英文を読んで，後の設問に答えなさい。　　30min

　　Zoos are consuming elephants, says a team of researchers who have compared the animals kept in zoos with animals living in the wild. The findings showed that the life expectancy of elephants in a zoo is significantly shorter than those in African wild places. <u>Despite the fact that elephants in zoos receive care and that there are not any enemies there, death rates in Western zoos are greater than birth rates, which makes the elephant population of the zoos unsustainable.</u>(1)

　　According to researchers, efforts to breed elephants have been tried in European zoos for the last ten to twenty years. <u>The researchers believe keeping elephants in a zoo helps us understand the animals' behavior so that wild elephants can be managed better.</u>(2)

　　The researchers collected data, and looked at 800 female elephants kept in European zoos between 1960 and 2005. They compared their survival to that of female African elephants in Kenya's Amboseli National Park, ▢(3)▢ many endangered animals and wildlife live. Female African elephants live on average 16.9 years in zoos, compared to 56 years in Amboseli National Park. When the researchers added factors of human-caused deaths in the park, the average lifespan was 36 years, which is still significantly longer than <u>that</u>(4) in zoos.

　　There are a few reasons. In the first place, zoo elephants have a far smaller space so they get less exercise. (that / from / is / zoo food / in the wild / different)(5), and is much easier to obtain, which could make zoo elephants overweight. Secondly, there is a [　(6)　] amount of stress on elephants kept in a zoo. In the wild, families of elephants stay together forever and are led by a mother elephant. In zoos, female elephants are moved from one zoo to another every seven years on average. It is said that elephants are more likely to die after a transfer to a new zoo.

The researchers say they need more research data on the causes. They would like to stop importing elephants from Asia and Africa to Western zoos. They also would like to see transfers between zoos kept to a minimum.

設問レベル1　25min | Question level 1

問1　下線部(1)を和訳しなさい。

問2　下線部(2)を和訳しなさい。

問3　空所(3)に入れる適切な語を一つ選びなさい。
　　① which　　② that　　③ where　　④ what

問4　下線部(4) that の指すものを本文中から抜き出しなさい。

問5　下線部(5)を意味が通るように並べかえなさい。ただし，先頭に来る文字も小文字にしてあります。

問6　空所(6)に入れる適切な語を一つ選びなさい。
　　① considerate　　② considering　　③ considerable　　④ considered

DAY 2

問7 本文の内容と一致するものを①〜④のうちから一つ選びなさい。

① Female elephants in the zoos are more likely to die within an average of 7 years after they are moved from one zoo to another.
② Female African elephants in Amboseli National Park live more than twice as long as those in the zoos, even if deaths of elephants in the park caused by humans are included.
③ Thanks to the research on elephants in Amboseli National Park, their average lifespan has become longer.
④ The reason why elephants kept in the zoos live shorter lives than those that live in the wild is related to the stress from being seen by many people.

問8 本文中に出てくる次の単語とアクセントの位置が同じ単語をそれぞれ一つ選びなさい。

(7) significant
① democratic　② scientific　③ superior　④ literature

(8) average
① electric　② atomic　③ delicate　④ examine

設問レベル2　⏱5min | Question level 2

要約 空所に適する語句を選択肢から補って、要約文を完成させましょう。

❶ 動物園の象は野生の象よりも　(a)　。
❷ その原因は、生活空間の狭さからくる　(b)　と容易に餌にありつけることからくる　(c)　である。
❸ 　(d)　ことも原因である。野生の象は母親象のもと、　(e)　が、動物園の場合は、母親象は　(f)　させられる。
❹ 　(g)　をさらに集める必要がある。そして　(h)　を抑えるのが望ましい、というのが研究者らの考えである。

選択肢 ①象の輸入や動物園間の移動　②原因に関する研究データ　③運動不足　④平均7年ごとに動物園間を移動　⑤体重増加　⑥一生家族といっしょにすごす　⑦寿命が短い　⑧ストレスが多い

DAY 3

出題校	国士舘大学
語数	364語
難易度	♛♛♕♕♕
正解&解説	p. 92

Warming up

☐ 次の語の正しい意味を選びましょう。 》重要語句リストは別 p.34 参照。

(1) **nectar**
① 花粉　② 花の蜜　③ 花びら　④ めしべ

(2) **insect**
① 昆虫　② 解剖　③ 標本　④ 分類

(3) **cricket**
① 携帯食料　② ハエタタキ　③ 小物入れ　④ コオロギ

(4) **desert**
① 甘味菓子　② 砂漠　③ スクラップ　④ 田園地方

(5) **venom**
① 牙　② 棘　③ 毒　④ 爪

(6) **predator**
① 捕食動物　② 死刑執行人　③ 戦士　④ 草食動物

(7) **lizard**
① 猛吹雪　② 宝石　③ 峠　④ トカゲ

(8) **thirsty**
① 三十路の　② 有望な　③ 喉が渇いた　④ 活気のある

(9) **scorpion**
① サソリ　② カニ　③ 双子　④ 天秤

(10) **stem**
① 厳格な　② 茎　③ かき回す　④ 冷静に

Answers (1)-②　(2)-①　(3)-④　(4)-②　(5)-③　(6)-①　(7)-④　(8)-③　(9)-①　(10)-②

DAY 3

■ 次の英文を読んで，後の設問に答えなさい。   25min

Deserts are dry because it almost never rains. Desert plants collect the rain and store it so that they can live during the dry season. *Cactus plants have stems that become fat when they are full of water. They also (1) have sharp *spikes to stop thirsty animals from breaking the stems to drink the water inside. The spikes don't stop birds from making nests on the cactus plants.

Like other food chains, desert food chains start with plants. Desert (2) (3) bats drink nectar from cactus flowers, and insects and other small animals eat leaves or seeds from desert plants. Scorpions and lizards eat insects like crickets, and other small animals. Animals that hunt and eat other animals are called predators. Some big predators in the desert are hawks, snakes, and foxes.

Meerkats are desert animals that eat plants and insects, but they also eat scorpions. In their tail, scorpions have venom — a juice that can kill other animals. So how do meerkats eat scorpions and live? They quickly break [(4)] the tail and throw it away. Then it's safe for the meerkat to eat the scorpion!

People can take a bottle of water with them when they visit a desert, but how do animals get water in these hot, dry ecosystems? Most desert animals don't drink water, but they get water from their food. Lizards get water from the insects that they eat, and desert tortoises get water from the plants that they eat. Desert tortoises can also store water inside their body so that they can use it later. Tortoises can live for about a year without drinking new water!

A nocturnal animal is an animal that's busy at night and sleeps in the day. Most desert animals sleep or hide from the heat in the day. Some animals like desert squirrels, rabbits, and foxes, go into burrows underground. Some animals hide in caves. Then at night, when it's cool, they come out to feed or hunt. Many nocturnal animals like fennec foxes have large eyes to help them see at night. Fennec foxes also have big ears so they can hear small animals like lizards and rabbits that they hunt in the dark.

*cactus: サボテン　　　*spike: とげ

設問レベル1　　　　　　　　　　　　　　　　　20min | Question level 1

問1　下線部(1)を They の指している内容を明らかにして和訳しなさい。

問2　下線部(2)の説明として最も適切なものを①〜④のうちから一つ選びなさい。
① material consisting essentially of protein, carbohydrate, and fat, along with minerals, vitamins, etc., taken into the body of a living organism and used to provide energy and sustain processes essential for life
② a hierarchical arrangement of organisms ordered according to each organism's use of the next as a food source
③ an electrical appliance that performs a range of operations in preparing food
④ any of various dishes in which small pieces of food are dipped in a hot liquid, e.g. oil or a sauce of melted cheese, at the table

DAY 3

問3　下線部(3)を和訳しなさい。

問4　空所(4)に入れるのに最も適切なものを一つ選びなさい。
① off　　　② in　　　③ into　　　④ out

問5　本文の内容と合致するものを①〜⑧のうちから二つ選びなさい。
① Meerkats are afraid of scorpions.
② Cactus plant stems become thin when they are full of water.
③ Desert plants and animals adapt to desert ecosystems.
④ Animals that hunt and eat plants are called predators.
⑤ Desert tortoises get water from the plants that they eat.
⑥ It's impossible for most desert animals to live in a hot desert.
⑦ Desert tortoises can't store water inside their body.
⑧ Desert squirrels rarely hide from the heat in the day.

問6　本文のタイトルとして最も適切なものを一つ選びなさい。
① Oceans　　② Forests　　③ Grasslands　　④ Hot Deserts

問7　本文中に出てくる次の単語の中でアクセントの位置が異なるものを一つ選びなさい。
① desert　　② tortoise　　③ insect　　④ collect

設問レベル2　5min　Question level 2

要約　空所に適する語句を選択肢から補って，要約文を完成させましょう。

❶ 砂漠の植物は[(a)]る。
❷ 砂漠での食物連鎖は，コウモリが[(b)]，昆虫などの小動物が[(c)]，サソリやトカゲが[(d)]，タカ，ヘビ，キツネなどの捕食動物が[(e)]る。
❸ 砂漠の動物の大半は，[(f)]る。また，夜行性で，[(g)]るように目が大きい。[(h)]るように耳が大きいものもいる。

選択肢
①他の動物が動く音がよく聞こえ　②他の動物を捕って食べ　③花の蜜を飲み　④夜でも目が見え
⑤その餌である昆虫や植物から水分を摂取し　⑥昆虫などの小動物を食べ　⑦その内部に水分を蓄え
⑧葉や種を食べ

DAY 4

出題校	甲南大学
語数	332語
難易度	♛♛♕♕♕
正解&解説	p. 97

Warming up

次の語(句)の正しい意味を選びましょう。 》重要語句リストは別 p. 35 参照。

(1) complex
① 自信のない ② 素直な ③ 劣った ④ 複雑な

(2) conclude
① 結論を出す ② 包含する ③ 競争する ④ 協力する

(3) false
① まぐれの ② 滑稽な ③ 偽りの ④ 奇妙な

(4) alarmed
① 真剣な ② 活発な ③ 見事な ④ 懸念して

(5) create
① 創り出す ② きしむ ③ 這う ④ 想像する

(6) claim
① 不平を言う ② 主張する ③ 驚嘆する ④ 宣言する

(7) convincing
① 有罪の ② 説得力のある ③ 魅惑的な ④ 逆説的な

(8) tend to *do*
① ～する傾向がある ② ～しようともがく
③ ～しそこなう ④ ～することを意図する

(9) psychologist
① 経済学者 ② 考古学者 ③ 天文学者 ④ 心理学者

(10) be capable of *do*ing
① ～する意思がある ② ～する広さがある
③ ～する能力がある ④ ～する心配がある

Answers: (1)-④ (2)-① (3)-③ (4)-④ (5)-① (6)-② (7)-② (8)-① (9)-④ (10)-③

DAY 4

■ 次の英文を読んで，後の設問に答えなさい。　 30min

　According to some new research, young children who tell lies early in life are more likely to do well later. Canadian child psychologists spent three years producing a study of 1,200 children aged between 2 and 14. They concluded that (1)(how / an important step / lie / is / learning / to) in a child's mental and social development. Only a fifth of two-year-olds tested in the study were able to lie. But 90% of the four-year-olds were capable of lying.

　The director of the Institute of Child Study at Toronto University said: "Parents should not be (2) if their child tells a lie. (3)It is a sign that they have reached an important stage in their development." The study shows that children (4) mental skills develop faster tend to lie earlier. Lying involves a kind of complex mental balancing act. Children have to keep the truth at the back of their minds while they create a convincing but false story for those around them. It requires intelligence to cover up their mistakes and avoid punishment.

　The researchers tested the younger children by telling them they must not look at a toy that had been placed behind them. Then the researchers left the room. The children's reactions were captured on a hidden video camera which had been set up before the test. When the researchers returned they asked the child whether or not they had turned round to look at the toy. The very young children all admitted they had taken a look. But by the age of four most children claimed they had not done so, even though the video showed that they had.

Of course, lying continues to play an important part in adult society. When ⬚(6)⬚ a gift, we often say, "Thank you, it's just what I wanted!" even when the gift we received is something we don't like at all. Lying to avoid hurting somebody's feelings is considered socially acceptable. But lying over serious matters, especially if people get hurt, is not.

設問レベル1　　25min | Question level 1

問1　下線部(1)を意味が通るように並べかえなさい。

問2　空所(2)に入れる適切な語を一つ選びなさい。
①　excited　　②　surprising　　③　alarmed　　④　shocking

問3　下線部(3)を it の内容を明らかにして和訳しなさい。

問4　空所(4)に入れる適切な語を一つ選びなさい。
①　who　　②　whom　　③　whose　　④　that

問5　下線部(5)を done so の内容と，文末の they had の後に省略されているものが分かるように和訳しなさい。

問6　空所(6)に入れる適切な語を一つ選びなさい。
①　receive　　②　received　　③　receiving　　④　being received

問7　下線部(7)を文末の is not の後に省略されているものが分かるように和訳しなさい。

問8　本文の内容と合致しないものを①〜④のうちから一つ選びなさい。
① The very young children did not try to hide the fact that they had looked at the toy.
② Learning to tell lies shows that the child is developing mental and social skills.
③ Certain kinds of lies which are designed to avoid hurting others are tolerated in adult society.
④ It is easy for intelligent children to create a false story to avoid being scolded by adults around them.

問9　本文中に出てくる次の単語とアクセントの位置が同じ単語をそれぞれ一つ選びなさい。
(8) **psychologist**
① fundamental　② supermarket　③ systematic　④ necessity
(9) **convincing**
① industry　② politics　③ apparent　④ obvious

設問レベル2　　5min | Question level 2

要約　空所に適する語句を選択肢から補って，要約文を完成させましょう。

❶ 嘘をつけるようになることは，子供の [(a)] にとって重要であり，子供のころに嘘をつくことを覚えると，[(b)] 傾向がある。
❷ 嘘をつくというのは，本当のことを念頭に置きながら，[(c)] をでっち上げなければならないので，[(d)] が要求されることである。子供の年齢が上がるほど，[(e)] は増える。
❸ 嘘をつくことは大人の社会でも大切で，[(f)] 嘘は，社会的にも容認されている。

選択肢
①知性　②嘘をつける子供の数　③説得力のある作り話　④のちの人生がうまくいく　⑤精神面と社会性の面の発達　⑥人の気持ちを傷つけないためにつく

DAY 5

出題校 阪南大学
語数 377語
難易度 👑👑👑👑
正解 & 解説 p. 102

Warming up

次の語(句)の正しい意味を選びましょう。 ≫重要語句リストは別 p.37 参照

(1) population
① 国民　② 人口　③ 人気　④ 風評

(2) popularity
① 国民　② 人口　③ 人気　④ 風評

(3) mostly
① 最高に　② 主に　③ せいぜい　④ 少なくとも

(4) employer
① 利用者　② 従業員　③ 冒険家　④ 雇用者

(5) earn
① 稼ぐ　② 努力する　③ あくびをする　④ 聞き耳を立てる

(6) feature
① 〜を予測する　② 〜を主役にする　③ 〜を達成する　④ 〜と協力する

(7) illegal
① 不健康な　② 悪意のある　③ 違法の　④ 病気の

(8) be based in 〜
① 〜に拠点を置く　② 〜出身である　③ 〜に由来する　④ 〜に動揺する

(9) quality
① 量　② 平等　③ 選別　④ 質

(10) combine A with B
① AとBを比較する　② AをBと競う　③ AにBを与える　④ AとBを結びつける

■ 次の英文を読んで，後の設問に答えなさい。  25min

　Hollywood movies are famous all over the world. They are the most expensive movies to make and they earn the most money. However, Bollywood, based in Mumbai in India, makes more movies than Hollywood, and they are seen by more people. The name Bollywood comes from combining "Bombay", the old name for Mumbai, and "Hollywood." Bollywood movies are mostly made in the Hindi language, and most of the people who watch them are Hindi speakers living in India and other South Asian countries.

　Now, there is a new challenger in the movie business — Nollywood. Nollywood is (in Nigeria / the name / movies / used for / made), the country with the largest population in Africa. The industry is based in Lagos, the biggest city in Nigeria. About 50 full-length movies are made every week, making Nollywood second in the world to Bollywood for the number of movies produced. It is said that the Nollywood movie business is the second biggest employer in Nigeria after the government. 　(ア)　 Hollywood and Bollywood movies, which sell millions of tickets to moviegoers each year, Nollywood movies are mostly made for home video. Lagos, 　(イ)　 a population of around 15 million people, has only three movie theaters.

　Most Nollywood movies are made very quickly and very cheaply.

Then they are sold in small shops and in markets. Usually, (ウ) about two weeks, illegal copies are made and the movie producers cannot sell their own copies any more.

Some African people do not like Nollywood movies. They say the quality is poor. However, Nollywood movies are now the most popular in Africa. One reason for this is that most of them are made in English. (2)There are over 500 different native languages spoken in Nigeria alone, and many more across Africa. However, all over Africa, many people can speak and understand English. This makes the movies easy to sell in different countries. Another reason for their popularity is that Nollywood movies often feature actors from other African countries. People are happy to see actors from their own country in these movies.

Now, other countries (エ) South Africa, Ghana and Kenya are developing their own movie industries. Hundreds of original African movies are being made every year, and their popularity is slowly growing in countries outside Africa.

DAY 5

設問レベル1　　　　　　　　　　　　　　　　　　　　　　⏱ 20min | Question level 1

問1　下線部(1), (2)を和訳しなさい。

問2　下線部(A)の語句を文意に合うように並びかえなさい。

問3　空所(ア)〜(エ)に入る最も適切なものを①〜④のうちからそれぞれ選びなさい。ただし同じ選択肢は二回以上使ってはいけない。なお大文字で始まる語も小文字で示してある。
　　① with　　　② within　　　③ like　　　④ unlike

問4　本文の内容に最も一致する文章を，(3)〜(6)に与えられた各々の①〜⑤のうちから一つ選びなさい。

(3)　① Bollywood is a famous place in Africa.
　　② Many English language movies are made in Mumbai.
　　③ The Indian movie industry makes the most movies in the world.
　　④ Hollywood movies are expensive, but do not make much money.
　　⑤ More movies are made in Mumbai than in Bombay.

(4)　① Nollywood movies can only be watched for two weeks.
　　② Most Nollywood movies are watched on small home video players.
　　③ Movie producers in Nigeria make illegal movies.
　　④ These days, Nollywood movies are sold in big video chain stores.
　　⑤ Nollywood movies are very expensive to make.

(5)　① All African people love Nollywood movies.
　　② All Nollywood movies are high quality.
　　③ There are 500 different native languages in Africa.
　　④ Actors from various African countries appear in Nollywood movies.
　　⑤ Nigeria's native language is English.

(6)　① African movies are unknown outside Africa.
　　② Nigeria is the only country in Africa which makes movies.
　　③ Nollywood movies can never be popular outside Nigeria.
　　④ Most Nollywood movies are made in one of the native languages of Nigeria.
　　⑤ Several countries in Africa, other than Nigeria, are now producing original movies.

DAY 5

問5　本文のタイトルとして最も適切なものを①〜④のうちから一つ選びなさい。
① Hollywood Movies
② Bollywood Movies
③ Nollywood Movies
④ Movie Industries of India and Africa

問6　本文中に出てくる単語 population とアクセントの位置が異なる単語を一つ選びなさい。
① environment　② mathematics　③ situation　④ influential

設問レベル2　　5min Question level 2

要約　空所に適する語句を選択肢から補って、要約文を完成させましょう。

❶ ハリウッド映画は世界中に知られ、　(a)　。
❷ インドのムンバイの旧名ボンベイとハリウッドを合わせて名づけた「ボリウッド」が製作する映画は、　(b)　。
❸ ナイジェリアの「ノリウッド」が製作する映画の本数は、　(c)　。映画館が少ないため、ノリウッド映画は主に　(d)　として、　(e)　。品質は悪いが、　(f)　で大半が作られており、また　(g)　ことが多いので、アフリカでは最も人気がある。
❹ 　(h)　などの国々も独自の映画産業を発展させつつあり、　(i)　でも人気を増してきている。

選択肢　①南アフリカ、ガーナ、ケニヤ　②理解できる人の多い英語　③本数も観覧者数もハリウッドより多い　④アフリカ以外の国々　⑤短期間に低予算で製作される　⑥制作費も興行収入も最大である　⑦アフリカの様々な国の役者を主役にする　⑧ボリウッドに次ぐ世界第二位である　⑨ホームビデオ用

DAY 5

Column ❶ 導かれた先には何がある？
語幹 duce のイメージ

　Day 5 の本文中に，produce(d) (*l*.14)，producer(s) (*l*.22) があります。「プロデューサー」はもはや日本語化していますね。プロデュースとは一体何のことでしょう。
　produce の語幹は duce です。「真っ暗闇の中のひとりの自分」を想像してみてください。まわりに光はありません。どちらに進めばよいのかわからず困っていると，誰かが腕を引っ張って導いてくれました。この「引っ張って導く」というのが duce のイメージです。「引っ張って導く人，指導者」を意味するラテン語から duke「公爵」という語も生まれています。日本語の「ダクト」にもなっている duct は，水や空気などの流れを導く「**送水管，通気管**」のことです。

　produce は pro-（前へ）＋ duce（引き出す）という構造で，「❶（物や作品を）生み出す」や「❷（結果や影響を）生み出す，引き起こす」，「❸（ポケットなどから物を）取り出す」や「❹（データや証拠などを）出す，提出する」を意味します。また，名詞として「(自然が)生み出したもの」ということから，「農産物」を表します。なお，duce の過去分詞形に相当する duct を含む **product** は「（人間によって）生み出されたもの」から produce「農産物」に対して「工業製品」を表します。
　語幹 duce を含む他の語も見てみましょう。**DAY 1** の本文にも登場する **reduce** (*l*.20) は re-（後ろへ）＋ duce（引っ張る）という構造で，「(数量などを)減らす」。**introduce** は，intro-（中へ）＋ duce（引っ張る）という構造から，「導入する」。名詞形の **introduction** は仲間に引き入れるときに行う「紹介」です。
　duce のイメージにも慣れてきましたね。ここで一つ問題を出しましょう。「教育」を意味する英単語は **education** ですよね。**education** は ex-（外へ）＋ ducation（引っ張ること）＝「引き出す」という構造です。さて，何を「**引き出す**」のでしょうか。——答えは「(潜在)能力」です。教育とは，子供ひとりひとりの中に秘められた能力を「引き出すこと」なのです。
　大学合格を目標に勉強中のみなさんは，変な道に引き込まれることなく，この問題集を使ってまっすぐ目標に向かって突き進みましょう。能力を最大限引き出すことができれば，合格にグッと近づきます。

DAY 6

出題校 **明海大学**
語数 **369語**
難易度 👑👑👑♕
正解&解説 **p. 107**

Warming up

次の語(句)の正しい意味を選びましょう。　≫重要語句リストは別 p.37 参照。

(1) economic
① 経済的な　② 無駄のない　③ 安価な　④ 環境に良い

(2) relative
① 親しい　② 協力的な　③ 相対的な　④ 一般的な

(3) share
① 世話する　② 集合する　③ 統合する　④ 共有する

(4) measure
① 保障する　② 計る　③ 確証する　④ 対処する

(5) observe
① 保存する　② 独占する　③ 観察する　④ 取り消す

(6) incentive
① 動機　② 鈍感　③ 嫌疑　④ 不満

(7) document
① 立証する　② 言及する　③ 証言する　④ 公表する

(8) expand
① 放出する　② 遠征する　③ 排除する　④ 拡大する

(9) over time
① 遅れて　② 永遠に　③ 延々と　④ 徐々に

(10) figure
① 優美　② 数字　③ 逃亡　④ 縮小

次の英文を読んで，後の設問に答えなさい。 30min

"The rich get richer, and the poor get poorer." Like many sayings, this one is not always true, but recently it has been. Many studies in the United States have documented that the earnings gap between high-skilled and low-skilled workers has increased over the past two decades. Figures show that in 1976, college graduates earned on average 55 percent more than high school graduates; in 1994, they earned 84 percent more. The economic incentive to stay in school is as great today as it has ever been.

Why has the gap in earnings between skilled and unskilled workers risen in recent years? No one knows for sure, but economists have proposed two explanations. Their first explanation is that international trade has altered the relative demand for skilled and unskilled labor. For example, imports into the United States have risen from 5 percent of total U.S. production in 1970 to 13 percent in 1995. Exports from the United States have risen from 6 percent of total U.S. production in 1970 to 11 percent in 1995. Because unskilled labor is plentiful and cheap in many foreign countries, the United States tends to import goods produced with unskilled labor and export goods produced with skilled labor. Thus, when international trade expands, the domestic demand for skilled labor rises, while the domestic demand for unskilled labor falls.

The second explanation is that changes in technology have altered the relative demand for skilled and unskilled labor. Consider, for instance, the introduction of computers. Computers raise the demand for skilled workers who can use the new machines and reduce the demand for unskilled workers whose jobs are replaced by the computers. For example, many companies now rely more on databases, and less on filing cabinets. This change raises the demand for computer programmers and reduces the demand for filing clerks.

<u>Both explanations try to explain why the demand for skilled labor has risen over time when compared with the demand for unskilled labor.</u>(4) However, economists have found it difficult to measure the strength of these two explanations. It is possible, of course, that both are true. Increasing international trade and technological change may share responsibility 　(5)　 the increasing inequality we have observed in recent decades.

設問レベル1　　　⏱25min | Question level 1

問1　下線部(1)を it の内容と been の後ろに省略されているものを明らかにして和訳しなさい。

問2　下線部(2)のようになった理由を日本語で説明しなさい。

問3　下線部(3)と最も近い意味を表す語を一つ選びなさい。
　　① scarce　　② abundant　　③ indispensable　　④ consistent

問4　下線部(4)を和訳しなさい。

問5　空所(5)に入れる適切な語を一つ選びなさい。
　　① in　　② at　　③ for　　④ toward

DAY 6

問6 本文の内容と一致するものにはT, 一致しないものにはFと答えなさい。

① In 1995, imports into and exports from the US were more than double those of 1970.
② As international trade expands, the demand for unskilled labor decreases in the US because the US makes use of cheaper foreign unskilled labor.
③ American economists consider it difficult to find measures to fill the income gap between high-skilled workers and low-skilled workers.
④ Advances in technology enable people to acquire skills more diversified than they used to be.
⑤ Although the true reason for the increasing income gap isn't clear, it may be caused by increasing international trade and technological change.
⑥ For the last 20 years, developing countries have exported large numbers of unskilled workers to developed countries.

問7 本文中に出てくる次の単語と下線部の発音が異なるものをそれぞれ一つ選びなさい。

(6) **earn**
① guard ② birth ③ burden ④ journey

(7) **trade**
① angel ② chaos ③ stadium ④ angle

設問レベル2　🕒5min　Question level 2

要約　空所に適する語句を選択肢から補って, 要約文を完成させましょう。

❶ アメリカでは, 過去20年の間に, ［(a)］が広がっている。
❷ その理由の一つは, アメリカは［(b)］を輸入し, ［(c)］は輸出する傾向にあり, ［(d)］にともなって, 技術を持つ労働力の国内需要が高まったこと。
❸ もう一つの理由は, 同じ仕事でも, 科学技術の発達に伴い, ［(e)］ことである。
❹ どちらの理由が有力かを決めるのは困難だと経済学者らは考えており, ［(f)］である可能性もある。

選択肢　①国際貿易の拡大　②両方が原因　③技術を必要とする労働力によって生産されたもの　④技術を必要としない労働力によって生産されたもの　⑤技術を持つ労働力のほうが持たない労働力よりも需要が高くなった　⑥技術を持つものと持たないものとの収入格差

DAY 7

出題校　**日本女子大学**
語数　　**392語**
難易度　♛♛♛♕
正解&解説　p. 112

Warming up

次の語(句)の正しい意味を選びましょう。　》重要語句リストは別 p.39 参照。

(1) **beyond recognition**
　① 容認できないほど　② 感謝しきれないほど
　③ 見違えるほど　　　④ 不当に

(2) **financial**
　① 最終的な　② 財政上の　③ 政治上の　④ 天文学的な

(3) **purpose**
　① 目的　② 提案　③ 主張　④ 支持

(4) **decline**
　① 無視する　② 妨げる　③ 派生する　④ 下降する

(5) **spectacular**
　① 高性能の　　　　② 近視眼的な
　③ スリルのある　　④ 目を見張らせるほどの

(6) **organize**
　① 斡旋する　② 組織する　③ 統括する　④ 生成する

(7) **genuinely**
　① 天才的に　② 概して　③ 純粋に　④ 遺伝的に

(8) **attend**
　① 装う　② 意図する　③ 参加する　④ 留置する

(9) **notably**
　① 特に　② 気高く　③ こまごまと　④ 警戒して

(10) **surpass**
　① 看過する　② 上回る　③ 迂回する　④ 合格する

次の英文を読んで，後の設問に答えなさい。　25min

　Britain was the first country to organize sport as a national activity. In the second half of the nineteenth century, it organized and exported a number of games, notably football (soccer), rugby, hockey, lawn tennis, golf and cricket. The initial purpose behind organized sport was to provide activities for students at public schools. Such sport was generally believed to have character-building qualities for future leaders. But (1)it was not long before local businessmen began to organize football and other sports as recreational activities for employees. Football clubs quickly appeared in towns and cities all over Britain, and football soon became a part of working-class culture. The Saturday afternoon match was an occasion which working-class men would attend, supporting their local team.

　By the 1970s, however, the character of football had clearly changed. One primary reason was financial. As other European countries began to surpass Britain in football, match attendance in Britain started to decline. (2)The decrease in the number of spectators led club managers to make the games less occasions for local support and more displays of spectacular skill. The clubs were forced to seek sponsorship from businesses and begin advertising. They soon started buying and selling players for large sums of money. While in the 1960s most football heroes remained in their local communities, from the 1970s, many football stars — now earning very high salaries — moved into expensive suburbs. Because most members of the teams were no longer genuinely local people, supporters became primarily consumers, with no involvement in the clubs. By the 1980s, the growing gap between supporters and clubs had led to violence, with some supporters showing their loyalty by invading playing fields and taking control of surrounding streets.

Over the last twenty years, <u>football in Britain has changed almost beyond recognition from the game that was first played in the nineteenth century</u>.(3) Clubs are now primarily run as businesses, selling the rights to have their games televised and trading players for ever greater sums of money. Famous players such as David Beckham earn as much money as movie and pop stars. British football has also become a more international game, with many teams being represented by players from other European countries, and even from Africa and Japan. But whatever changes have occurred, one thing remains constant: many British children dream of playing one day for their local side.

設問レベル1　　　20min | Question level 1

問1　下線部(1)〜(3)を和訳しなさい。

問2 本文の内容に合っていないものを①～④のうちから一つ選びなさい。
① 近年，イギリスのサッカーは大きく様変わりしたが，地元チームの選手になりたいという夢をいだく子供はいまも多くいる。
② 19世紀後半にイギリスで発展したサッカーやラグビーやホッケーなどのスポーツは，未来の指導者たちの人格形成に資するものだと考えられた。
③ 1970年代以降，イギリスではサッカーのビジネス化が進んだために，かつてあったようなサッカークラブと地域住民との親密な関係は薄れてしまった。
④ 1980年代のイギリスでは，地元のサッカーファンと遠来のファンとの間に対立が生じ，グラウンドに侵入したり道路をふさいだりするなど，暴力行為が頻発した。

問3 本文中に出てくる次の単語と下線部の発音が異なるものをそれぞれ一つ選びなさい。
(4) earn
　① earnest　② heard　③ heart　④ early
(5) decrease
　① disease　② increase　③ cease　④ purpose

設問レベル2　　　5min | Question level 2

要約 空所に適する語句を選択肢から補って，要約文を完成させましょう。

❶ 19世紀後半，将来のリーダー育成の効果があるとして，サッカーは [(a)] され，ほどなく実業家らが [(b)] のためにサッカーチームを作るようになり，あっという間に英国じゅうにサッカークラブができて，[(c)] に広まった。

❷ 1970年代，サッカーは [(d)] から，[(e)] へと変化し，サッカークラブも企業からのスポンサーを募ったり，広告を出したり，選手を高額でトレードしたりするようになった。高所得者となったスタープレーヤーらは地元を離れ，[(f)]，サポーターたちは地元の応援者から単なる [(g)] へと化した。1980年代，クラブとサポーターの溝はますます深まり，[(h)] するまでになった。

❸ 英国のサッカークラブはビジネスとなり，より国際化されて [(i)] になっているチームも多数ある。しかし，[(j)] という子供たちの夢は変わらない。

選択肢 ①地元が応援するもの　②いつか自分の地元のためにプレーしたい　③公立学校に導入　④従業員の娯楽　⑤外国の選手が代表選手　⑥暴力行為が発生　⑦消費者　⑧労働者階級　⑨高い技術を誇示するもの　⑩郊外の高級住宅地へと移っていき

DAY 8

出題校 **日本女子大学**
語数 **358語**
難易度 ♛♛♛♕♕
正解&解説 **p. 117**

Warming up

次の語（句）の正しい意味を選びましょう。» 重要語句リストは別 p.40 参照。

(1) motivate O to *do* (〜)
① Oに〜するよう強いる　② Oが〜することを妨げる
③ Oが〜することを許す　④ Oを〜する気にさせる

(2) be familiar with 〜
① 〜によく知られている　② 〜と仲が良い
③ 〜と無関係でない　④ 〜に精通している

(3) have contact with 〜
① 〜で連絡する　② 〜を蔑視する　③ 〜と接触がある　④ 〜に満足している

(4) nonetheless
① ますます　② とは言え　③ そのわりには　④ その一方

(5) immigrant
① 不可避の　② 不死の　③ 多種多様な　④ 移民の

(6) proceed
① 進む　② 加工する　③ 進言する　④ 処理する

(7) competition
① 競争　② 協力　③ 遵守　④ 同志

(8) somewhat
① 何とか　② どういうわけか　③ いくぶん　④ およそ

(9) integrate
① 交換する　② 堆積する　③ 融和させる　④ 分離する

(10) as a result
① 当然のように　② その結果　③ 一般論として　④ おまけに

■ 次の英文を読んで，後の設問に答えなさい。 30min

　For immigrant parents, the decision to bring up children so that they are familiar with two cultures is not as simple as the decision to let them learn two languages at home or outside the home. Children can learn a language simply by having it [(2)] to them and being in a situation [(3)] they are motivated to use the language for communication. However, it is much more difficult for children to learn about a culture in the same natural way. (ア) While it is possible for parents to teach their children a second language, they will not be able to teach them about a second culture without help from others and the support of society.

　Some immigrant parents may not even try to teach their home culture and native language to their children. (イ) This is because the challenges may just be too great, especially if the family has little or no contact with others who share the immigrant parents' background. Others may feel that it is more important for their children to be fully integrated into the new country's society. (ウ) But there are still immigrant parents who believe that it is very important that their children know about their parents' home country, culture, and language.

　For families in which both parents come from the same country and speak the same native language, the situation is somewhat easier. (エ) Nonetheless, children still have contact with the society in which they live through activities outside the home. As a result, the competition between the parents' native culture and language and the new culture and language grows as the children get older and become more involved in the outside world.

(5) (explained / given / great / the / difficulties and challenges) above, immigrant parents who want to teach their children about a second culture should think carefully about the best way to proceed. This is especially true if these parents want their children to feel equally "at home" in both countries.

設問レベル1　　　　　　　　　　　25min | Question level 1

問1　下線部(1)を和訳しなさい。

問2　空所(2)に入れる適切な語を一つ選びなさい。
① speak　　② speaking　　③ spoken　　④ to speak

問3　空所(3)に入れる適切な語を一つ選びなさい。
① which　　② where　　③ that　　④ in that

問4　下線部(4)を，they と them の内容が分かるように和訳しなさい。

問5　下線部(5)が「上記で説明されたかなりの困難や課題を考慮すると」となるように並べかえなさい。

問6　次の文は本文中のどこに入れるのが適切か，(ア)〜(エ)の中から一つ選びなさい。
For example, parents who have become integrated into the new country's society may feel that there is no need to pass on their home culture to their children who were born in the new country.

問7 本文の内容と一致するものを①〜④のうちから一つ選びなさい。
① Not all immigrant parents teach their children their home culture and language because they respect their children's wishes not to learn them.
② Without the help of those sharing the same cultural background, immigrant parents may not be able to teach their home culture to their children.
③ As immigrant children spend more time outside of their home, they are less motivated to learn their parents' home culture and language.
④ Even though they were born in the new country, children raised by immigrant parents struggle to be fully integrated into the new country's society.

問8 本文中に出てくる次の単語と下線部の発音が異なるものをそれぞれ一つ選びなさい。
(6) motivate
① most ② local ③ oven ④ both
(7) family
① challenge ② pattern ③ language ④ conversation

設問レベル2　⏱5min | Question level 2

要約 空所に適する語句を選択肢から補って，要約文を完成させましょう。

❶ 移民の親が子に　(a)　ことは，　(b)　ことほど単純ではない。
❷ 移民の親のなかには，　(c)　親もいれば，　(d)　親もいる。
❸ 両親とも同じ国出身で，同じ言語を話す場合でも，子供は家庭外の活動を通じて　(e)　を持っているので，成長するにつれて，　(f)　との間のせめぎ合いは深まる。
❹ 子供に第二の文化を教えたい，どちらの国も自分の国だと感じてほしい，と思う親は，　(g)　を慎重に考えねばならない。

選択肢 ①移民先の国で生まれた子供に祖国の文化や言葉を教えない　②その最善の進め方　③社会とつながり　④二つの文化を学ばせる　⑤二つの言葉を学ばせる　⑥子供が祖国や祖国の文化・言語を知っていることを重視する　⑦親の文化・言語と新しい文化・言語

DAY 9

出題校 **実践女子大学**
語数 **343 語**
難易度 ★★★☆
正解 & 解説 **p. 122**

Warming up

次の語 (句) の正しい意味を選びましょう。 》重要語句リストは別 p.41 参照。

(1) **respond**
① 強いる ② 妨げる ③ 反応する ④ する気にさせる

(2) **capacity**
① 首都 ② 能力 ③ 資本 ④ 余裕

(3) **matter**
① 計測する ② 言及する ③ 仲が良い ④ 重要である

(4) **surroundings**
① 環境 ② 仲間 ③ 住処 ④ 大気

(5) **resume**
① 要約する ② 再開する ③ 憶測する ④ 再現する

(6) **adapt to ~**
① ~に向かう ② ~に変わる ③ ~に導入する ④ ~に順応する

(7) **consequently**
① 徐々に ② やがて ③ その結果 ④ 永遠に

(8) **assume**
① 想定する ② 保証する ③ 攻撃する ④ まとめる

(9) **yield**
① 生み出す ② 抵抗する ③ 協調する ④ 貢献する

(10) **perceive**
① 予見する ② 達成する ③ 主張する ④ 知覚する

次の英文を読んで，後の設問に答えなさい。 25min

　Many of us feel so removed from fish and other commonly consumed (1) creatures of the sea that we don't even think of their flesh as meat. (2)   , when we learn that someone is *vegetarian, we will often respond (3)   asking, "So, you only eat fish?" We tend not to perceive sea creatures' flesh as meat because we often don't think of sea creatures as animals. We don't think of these beings as having any sense of feeling or having lives that matter (4) to them. We thus relate to the creatures of the sea (5)   they were unusual plants, taking them from the ocean as easily as we pick an apple from a tree.

　But are sea creatures the mindless, unfeeling beings (6)   ? Not according to a number of scientists around the world. There is much research demonstrating (7) that fish and other creatures of the sea possess (8)   intelligence and the capacity to feel pain. Research on the intelligence of sea creatures has yielded evidence that fish do not forget what they've experienced just moments before (9), but have a memory span of at least three months. Moreover, fish can develop "mental maps" of their surroundings that (10)   them to memorize and adapt to changes in their environment — a task that is beyond the mental ability of hamsters.

　(11)   , evidence that fish and other sea creatures can feel pain is

increasing. In one study, researchers injected the lips of one group of fish with a painful substance and then injected the lips of another group with salt water. The first group of fish exhibited a rocking motion similar to the kind of motion seen in stressed animals. Moreover, they were clearly [(13)]: they rubbed their lips on the small stones in their tank and against the tank walls, and didn't resume feeding for almost three times longer than the latter. These observations strongly suggest that fish feel pain and stress. [(15)], it is now illegal in the city of Monza, Italy, to keep goldfish in small bowls.

*vegetarian: 菜食主義の

設問レベル1　　　　　　　　　　　　20min | Question level 1

問1　下線部(1)を和訳しなさい。

問2　空所(2)(11)(15)に入れるのに最も適切なものを、①〜④のうちからそれぞれ選びなさい。ただし同じ選択肢は二回以上使ってはいけない。
　　① However　　② Similarly　　③ For instance　　④ Consequently

問3　空所(3)(5)(8)(10)(13)に入れるのに最も適切なものをそれぞれ一つ選びなさい。

(3)	① by	② for	③ on	④ to
(5)	① as if	② as yet	③ even so	④ even though
(8)	① both	② each	③ either	④ neither
(10)	① admit	② allow	③ forgive	④ leave
(13)	① enjoying	② playing	③ sleeping	④ suffering

問4 下線部(4)(7)の意味・内容に最も近いものを①〜④のうちからそれぞれ一つ選びなさい。

(4) **matter**
① last ② count ③ do ④ pay

(7) **demonstrating**
① proving ② saying ③ reflecting ④ causing

問5 下線部(9)(12)の意味として最も適切なものを①〜④のうちからそれぞれ一つ選びなさい。

(9) 魚は
① 以前の経験が正しかったことを忘れない
② 以前の瞬間的な正しい経験を忘れない
③ ほんの少し前に経験したことを忘れない
④ 少し前の経験が瞬間的に起こったことを忘れない

(12) 最初の魚のグループは
① ストレスを与えられた動物に見られる動きと似通った、岩に隠れる動きを示した。
② ストレスを与えられた動物に見られる動きと似通った、体を揺する動きを示した。
③ 動物がストレスを感じた時に見られる優しい動きと似通った、岩に隠れる動きを示した。
④ 動物がストレスを感じた時に見られる優しい動きと似通った、体を揺する動きを示した。

問6 空所(6)に入れるのに最も適切なものを①〜④のうちから一つ選びなさい。
① many of them assume us to be
② many of us assume them to be
③ to be many of them assume us
④ to be many of us assume them

問7 下線部(14)の意味として最も適切なものを①〜④のうちから一つ選びなさい。
① 唇を石にこすりつけた魚
② 苦痛を引き起こす物質を注射された魚
③ 塩水を注射された魚
④ 注射の反応が最初に現れた魚

問8 次の各文について，本文の内容と一致するものにはT，一致しないものにはFと答えなさい。
① 私たちは海の生物にもそれらにとって大切な生命があるとは考えない。
② ある研究結果によれば，魚は少なくとも3カ月は記憶を保持することができる。
③ 魚は苦痛を感じることはできるが，それを身体的に表すことはできない。
④ イタリアのモンツァ市では金魚を小さな鉢で飼うことが違法とされている。

問9 本文中に出てくる次の単語のなかで，アクセントの位置が異なるものを①〜④のうちから一つ選びなさい。
① consume ② respond ③ relate ④ moment

設問レベル2　⏱5min | Question level 2

要約 空所に適する語句を選択肢から補って，要約文を完成させましょう。

❶ 　(a)　と考えていない人は多い。海の生き物を，　(b)　とみなし，安易に海の生き物を捕っている。
❷ しかし，海の生き物には　(c)　という証拠を示した研究や，魚には環境の変化を記憶し，それに順応することを可能にする，　(d)　があるという研究がある。
❸ 魚が　(e)　ことを示す証拠も増えている。

選択肢
①痛みやストレスを感じる　②動物とはまったく異なる存在　③身の回りの「心象地図」を描く能力
④少なくとも3ヶ月間の記憶がある　⑤魚の身を肉だ

DAY 9

Column② じっと見守ると，何が起こる？
語幹 serve のイメージ

　DAY 9 の本文に observation (*l*.27) があります。これは動詞 observe の名詞形の一つです。ところで，みなさんは observe の意味を言えますか。辞書を引くと「❶気づく，❷観察する，❸述べる，❹（法律・規律などを）遵守する，❺（祝祭日などを）祝う」とあります。それぞれ意味がまったく異なってみえるものが五つも出てきて，覚えるのに苦労しそうですよね。
　observe の語幹 serve のイメージは「夜警」を想像してみてください。夜警のように念入りに「見張って守る」のが serve です。構造は ob-（〜に対して）＋ serve ですが，この「❶守る」や「❷見張る」の対象が変化することで意味の広がりが生まれています。例えば，「❶守る」の対象が「法律や規則」になると「❹遵守する」，「習慣や宗教の規律」になると「❺（祝祭日を）祝う，（儀式を）行う」といったふうにです。これらの意味の名詞形は observance です。
　一方で，「❷見張る」の意味が拡張されて，「❷観察する」の意味が生じました。さらに，観察した結果，「変化や兆候が分かる」へとつながり，「❶気づく」を意味するようになります。最後に，「気づいたことを言う」に派生して「❸（意見・考えを）述べる」の意味をもつようになります。これらの意味の名詞形が observation です。いかがでしょう。異なってみえた五つの意味も，じつは語幹 serve という幹から生えた枝の先の葉 1 枚 1 枚に過ぎないのです。
　語幹 serve の他の単語もみていきましょう。「予約」は英語で reservation ですよね。この動詞形が reserve。serve の「守る」は，「失われないように守る，保持する」ということです。reserve は re-（後ろに）＋ serve の構造。後ろに隠して保持するというイメージから「取っておく，予約する」を表します。他に「留保する」「延期する」という意味がありますが，「後ろに隠して保持する」というイメージに照らせば，じつによく似た兄弟です。入試頻出単語 conserve「保存する，保護する」や preserve「保存する」も同じ理屈で一気に覚えてしまいましょう。
　ところで，serve「仕える」や servant「使用人」も同じ語幹でしょうか。──残念ながら，答えは NO です。この serve は「召使いや奴隷として仕える」が原義で，slave「奴隷」の関連語。「奉仕する，（テーブルで）給仕する」といった意味です。ちなみに public servant といえば？──公（のため）に仕える人，すなわち公務員」です。
　語彙習得の際は「単語の構造」をじっと観察（observation）しましょう。単語の意味は構造が語ってくれます。一度覚えた単語が失われないように守るためにも非常に有効な学習法です。

DAY 10

出題校: 早稲田大学
語数: 337語
難易度: ♛♛♛♛♕
正解 & 解説: p. 128

Warming up

次の語(句)の正しい意味を選びましょう。 》重要語句リストは別 p.42 参照

(1) undertake
① 経験する ② 捜査する ③ 引き受ける ④ 譲歩する

(2) educated
① 迫害された ② 調理された ③ 刺激を受けた ④ 教養のある

(3) first and foremost
① 何よりもまず ② 徹頭徹尾 ③ 積極的に ④ 総じて

(4) fate
① 運命 ② 直面 ③ 偽装 ④ 財産

(5) fascinate
① せん滅する ② 魅了する ③ 統治する ④ 流行する

(6) to some extent
① ある程度 ② 極端に ③ 残念ながら ④ 徹底的に

(7) compel
① 協力する ② 奨励する ③ 構成する ④ 強いる

(8) arise
① 育てる ② 起こす ③ 生じる ④ 昇る

(9) criticize
① 賞賛する ② 否定する ③ 差別する ④ 批判する

(10) advocate
① 宣伝する ② 提唱する ③ 予言する ④ 提案する

■次の英文を読んで，後の設問に答えなさい。 25min

　　　I would like to consider the ways ⬚(1)⬚ some politicians are, to some extent, actors. I know a lot of actors, and I have a very high regard(2) for the profession, so I am not attempting to criticize acting itself. Indeed, it is almost impossible not to be an actor when one lives in a social world. (3)At the moment, speaking to you, I am being an actor, since I am not behaving or speaking the way I would if I was at home, but instead as I do when I am in public. Everybody knows that people, even highly educated and intelligent people, are attracted to leaders not because of the policies they advocate or their virtuous(4) behavior, but because of the excitement and charisma that they provide; in other words, we are fascinated by their acting. Even the worst of the totalitarian tyrants of the last century were believed to be great and virtuous leaders by vast numbers of their population. And although these leaders came to power in situations of great desperation in their countries, they still used their performative powers to compel and persuade people to follow them. (5)(might / *opportunists of fate / of / them / same / think / we / as), in the same way that great acting performances often arise in plays or movies which just happen to be right for the times. Whether we are aware of it or not, we are all fooled into belief by performance rather than reason.

　　　This need for the king or ruler or political leader to be first and foremost a performer ⎿__(6)__⏌ right back to the ancient beginnings of civic society, but in modern times performances are undertaken by people who surround us. On television, for example, every hour of the day, announcers and commentators, studio guests and selected members of the public are acting out roles for our entertainment and education. Indeed, it may be that the modern man or woman in daily life has more constant and emotional communication from actors than from ⎿__(7)__⏌ people. (※)

*opportunists of fate: 運命の日和見主義者（日和見主義とは形勢をうかがって，自分の都合の良い方につこうと二股をかけること）

設問レベル1　　　⏱20min｜Question level 1

問1　空所(1)に入れる適切な語を一つ選びなさい。
　　① in which　　② how　　③ which　　④ in that

問2　下線部(2)と最も近い意味を表す語を一つ選びなさい。
　　① esteem　　② responsibility　　③ intensity　　④ mentality

問3　下線部(3)を和訳しなさい。

問4　下線部(4)と最も近い意味を表す語を一つ選びなさい。
　　① decent　　② honorable　　③ widespread　　④ strict

問5　下線部(5)が「私たちは彼らを運命の日和見主義者としてみなすかもしれない」となるように並べかえなさい。ただし，不要な語が1語含まれている。

問6　空所(6)(7)に入れる適切な語をそれぞれ一つ選びなさい。
　　(6)　① brings　　② takes　　③ goes　　④ comes
　　(7)　① normal　　② real　　③ exact　　④ right

DAY 10

問7 本文の内容と一致するものを①〜⑤のうちから一つ選びなさい。
① Clever people consider not only virtuous behavior to be an important factor in a leader but also charisma.
② It is almost impossible to live a life in society without acting and so as a result people have come to act various roles naturally and unconsciously.
③ Since ancient times, kings and political leaders have performed to influence the public, but that has not been criticized.
④ It is considered true that modern people act more than their ancestors in their daily lives to relate their emotion to others.
⑤ Totalitarian tyrants might use their performative powers effectively to compel the public to comply with their wishes.

問8 本文中に出てくる次の単語とアクセントの位置が同じ単語をそれぞれ一つ選びなさい。

(8) **politician**
① economics　② participate　③ architecture　④ appreciate

(9) **comment**
① event　② guitar　③ dessert　④ coffee

設問レベル2　⏱5min ｜ Question level 2

要約　空所に適する語句を選択肢から補って，要約文を完成させましょう。

❶ 社会で生きていく以上，人はある程度自分を演じている。政治家もまた役者である。どんなに教養のある人でも，政治家の　(a)　に惹かれる。大義よりもパフォーマンスによってその人を信じてしまう。

❷ 市民社会が誕生した大昔から，指導者はまず　(b)　でなければならなかったが，現代では，　(c)　であり，日々の生活の中でより継続的で感情的なコミュニケーションを取ってくるのは，　(d)　なのである。

選択肢　①役者　②我々のまわりの人間も役者　③政策よりもそのカリスマ性　④素の人間よりもそういう役者

DAY 11

出題校　東京理科大学
語数　　377語
難易度　♛♛♛♛♛
正解＆解説　p. 134

Warming up

次の語の正しい意味を選びましょう。 »重要語句リストは別 p.44 参照。

(1) substitute
① 代用　② 援助　③ 物質　④ 機関

(2) emit
① 排出する　② 省略する　③ 許可する　④ 提出する

(3) ironically
① 強力に　② 意外にも　③ 当然ながら　④ 皮肉にも

(4) extract
① 排除する　② ひいきにする　③ 構築する　④ 抽出する

(5) neutral
① 再生可能な　② 中立の　③ 神経の　④ 革新的な

(6) sustainable
① 交換可能な　② 疑わしい　③ 持続可能な　④ 延期可能な

(7) convert
① 伝達する　② 却下する　③ 変換する　④ 保護する

(8) emerge
① 慌てる　② 出現する　③ 治療する　④ 溶け込む

(9) absorb
① バカにする　② 排出する　③ ごまかす　④ 吸収する

(10) furthermore
① その上　② もはや　③ それにもかかわらず　④ ところで

Answers: (1)-①　(2)-①　(3)-④　(4)-④　(5)-②　(6)-③　(7)-③　(8)-②　(9)-④　(10)-①

■ 次の英文を読んで，後の設問に答えなさい。　　　30min

　*Biomass energy is the result of the conversion of sunlight into usable energy. Plants absorb energy from the sun as they grow. That energy can then be extracted as the plant mass is either burned or converted into a more convenient liquid fuel, *ethanol for example, which is similar to gasoline or natural gas. Thus, biomass is an indirect form of solar energy. (1)The most important advantage of biomass energy is that it is well suited as a direct gasoline substitute that can fuel all forms of transportation technologies.

　Biomass is a renewable energy source because each year the plant life which biomass depends upon is renewed in a new growing season. While the plants are absorbing energy from the sun, they are also fixing carbon from the atmosphere into the plant mass. When the plant mass has its energy extracted, this carbon is then released back into the atmosphere. Consequently, the amount of carbon emitted would be balanced by the amount of carbon that is absorbed. Thus, biomass energy, in theory, does not contribute to global climate change, and it is considered CO_2-neutral.

　Unlike other renewable energy sources, however, biomass is not pollution-free. In fact, the pollution from many biomass sources can be significant. Ethanol, for example, emits the same type of pollutants (except for CO_2) as its fossil-fuel companions. Wood-burning stoves and corn stoves release more pollution than natural gas furnaces, even though less than coal stoves.

Furthermore, a new problem has emerged recently in the world crop market. Since 2006, farmers in the United States who switched crops from soybeans to corn for the ethanol market, or grew their soybeans for fuel rather than food, have caused a decrease in the world supply of soybeans for food material. This supply loss was then replaced by new soybean production in countries such as Brazil and Indonesia, where the crops were then grown on land that was stripped of tropical rain forest. Ironically, cutting down an acre of tropical rain forest results in more carbon emissions than are balanced by the ethanol production from one acre of corn. Biomass crops could be considered truly renewable, only when they are grown in an environmental and sustainable manner and on land that is not covered with productive forests.

*Biomass: バイオマス（エネルギー源となる生物資源のこと）
*ethanol: エタノール／エチルアルコール

DAY 11

設問レベル1　　　25min | Question level 1

問1 本文の内容に合致する文をA群およびB群の①〜④からそれぞれ一つずつ選びなさい。

A群

① In order to put biomass energy into practical use, traditional transportation systems must be modified.

② As plant life is renewed year after year, biomass may be considered to be a renewable energy source.

③ Biomass will help check global climate change because it can stimulate the amount of CO_2 in the atmosphere.

④ The most important merit of biomass energy is that it releases very little pollution.

B群

① As the US farmers started growing soybeans for fuel, the demand for corn as food material has sharply decreased.

② Brazil and Indonesia will compete with the U.S. for conserving their vast areas of tropical rain forest.

③ Biomass crops could become renewable if corn is grown instead of soybeans.

④ If tropical rain forest has to be destroyed to raise biomass crops, CO_2 emissions in the air may not necessarily be lessened.

問2 次の(ア)〜(オ)の文が本文の内容に合致するように、（　）にそれぞれ①〜④から適切な語を選びなさい。

(ア) Biomass energy, which is an indirect form of solar energy, can be (　　) from plants.
　① absorbed　② extracted　③ substituted　④ suited

(イ) The carbon that is fixed in the plants is then (　　) into the air when they are finally burned.
　① contributed　② decreased　③ emitted　④ renewed

(ウ) Biomass is one of many renewable energy sources but, unfortunately, it is not without its (　　).
　① conversion　② crops　③ forests　④ problems

(エ) In recent years, a new crop market has (　　) to meet the demand for biomass energy.
　① caused　② emerged　③ stripped　④ supplied

(オ) Biomass crops should not be grown on land that has been (　　) of tropical rain forest.
　① balanced　　② cleared　　③ considered　　④ sustained

問3　下線部(1)を和訳しなさい。

問4　下線部(2)を和訳しなさい。

問5　本文中に出てくる次の単語の中で，アクセントの位置が異なるものをそれぞれ一つ選びなさい。
(3) ① energy　　② depend　　③ emerge　　④ supply
(4) ① advantage　② atmosphere　③ contribute　④ significant

設問レベル2　　5min | Question level 2

要約　空所に適する語句を選択肢から補って，要約文を完成させましょう。

❶ あらゆる形態の輸送技術の燃料に利用可能なバイオマスエネルギーは，[(a)]ので間接的な太陽エネルギーであり，[(b)]ので再生可能エネルギーでもある。大気中の二酸化炭素を吸収し，バイオマスエネルギーを抽出するときにその二酸化炭素を大気中に放出するので，理屈の上では，バイオマスエネルギーは[(c)]にはならない。

❷ しかし，他の再生可能エネルギーと違って，バイオマスエネルギーは[(d)]する。また，食用大豆の栽培からバイオマス燃料用の大豆やトウモロコシの栽培に変更する農家が増えて[(e)]，これを補うために新たな国が食用大豆を育てるために[(f)]した結果，[(g)]を招くという新たな問題も発生している。

選択肢　①食用大豆の供給量が減り　②太陽エネルギーを吸収して育った植物から得られる　③炭素排出量の増加　④二酸化炭素以外に汚染物質を排出　⑤地球の気候変動の原因　⑥熱帯雨林を伐採　⑦その植物は毎年育つ

DAY 11

Column ❸ 両者が対峙したら，何が始まる？
語幹 vers のイメージ

「○ vs △」。vs はバーサスと読み，「対決すること」を意味するのはご存じですね。この **vs** は **versus** の略号ですが，versus の語幹 **vers** には「❶**向きを変える**」「❷**くるっとまわる**」という意味があります。少し想像してください。二つのチームが競技で対戦するときにどう戦いますか。——そう，互いに向かい合って戦いますよね。

DAY 11 に conversion (*l*.1)，convert(ed) (*l*.3) があります。**vert** は **vers** と同じ意味です。**convert** は，con-（いっしょに）＋ vert という構造で，同じ方向に向きを変えるイメージから，元々は「❶**改宗する**」という意味でした。そこから，やがて「❷**転換・変形・改造する**」という意味が派生します。**converse** も con-（いっしょに）＋ verse という構造で，同じ方向を向くイメージですが，こちらは共に生きていくことを意味し，そこから「会話する」へと意味が発展しました。名詞形はご存じの **conversation** ですね。

つづけて，語幹 **ver** の他の単語も見ていきましょう。**reverse** は，re-（後ろへ）＋ verse から，「後退する」「逆にする」。**universe**「宇宙」の構造は uni-（一つ）＋ verse です。いろんな方向を向いていたものが向きを変えて一つになるというイメージから「全体・全部」を意味し，そこから，やがて「宇宙，全世界」という意味が生まれました。**university** も基本的に同じ構造ですが，こちらは 1 つの集団や共同体を連想し，とりわけ「教授と学生の共同体」の観点から「大学」の意味が生まれました。**controversial** は，contro-（逆の）＋ vers ＋ -ial（形容詞語尾）の構造で，逆向きになることから，対峙して意見をぶつけ合う，すなわち「論争の，議論を呼ぶような」を表します。

ところで，「記念日」のことを **anniversary** といいますね。構造は anni-（一年）＋ vers ＋ -ary です。この場合，一体何が「❷**くるっとまわる**」のでしょう。——勘の鋭い人はひらめいたでしょうか。答えは「カレンダーの日にち」です。1 年経って，日にちがくるりと巡ってきたのですね。

受験勉強は「自分 **vs** 自分の戦い」とよく言われます。確かにそうかもしれません。色々な誘惑に耐え，机と向かい合う時間を確保するという意味でも，明らかに自分への挑戦なのです。

DAY 12

出題校	慶應義塾大学
語数	362語
難易度	♛♛♛
正解&解説	p. 139

Warming up

次の語(句)の正しい意味を選びましょう。 》重要語句リストは別 p.45 参照。

(1) be about to *do* (〜)
　① 〜するつもりである　② 〜する可能性がある
　③ まさに〜しようとしている　④ 〜する覚悟がある

(2) take to 〜
　① 〜を始める　② 〜に赴く　③ 〜をだます　④ 〜に専念する

(3) comforting
　① 安らぎを与える　② 激烈な　③ 対立している　④ 入り組んでいる

(4) remark
　① 再現する　② 念を押す　③ 述べる　④ 目立たせる

(5) sibling
　① 子孫　② 同僚　③ 師弟　④ 兄弟姉妹

(6) giggle
　① 覗き込む　② クスクス笑う
　③ ガラガラ音を立てる　④ そっと歩く

(7) impact
　① 影響を与える　② 攻撃する　③ 強調する　④ 害を与える

(8) get along
　① 仲良くする　② 逃亡する　③ 保留する　④ 成長する

(9) all but 〜
　① 決して〜ない　② ほとんど〜　③ はるかに〜　④ 絶対に〜

(10) benefit
　① 似合う　② 一致する　③ 搾取する　④ 得をする

DAY 12

次の英文を読んで，後の設問に答えなさい。 30min

　　Gracie and Elena are more than just sisters, they're also best friends. With only twenty-two months between them, they share more than clothes, toys and hobbies; they also share their lives. This was the way Brooke and I intended it from the beginning. Having both come from families where we were three or more years apart from our siblings, we felt that our children would benefit from being two years apart or less. Little (how / did / were / know / right / we / we).

　　At twenty-two months, Elena had no idea how much her life was about to be impacted, but she did know she was now a big sister. Proudly wearing her "I'm a New Big Sister" pin at the hospital, she took to her duty as *bottle feeder as she gave up her room and her toys for the new addition to the family. And although they would play with each other and spend hours in the family room, we soon realized how much they would come to love each other the day we heard Gracie laugh for the first time. Around six months after her birth, we found Gracie giggling in her swing while Elena danced and made funny faces in front of her. It's never been the same since. Now Gracie returns the favor daily with her *staged antics and *infectious smile.

　　Even today, Gracie is the comedian while Elena is the comforting mom. Just this morning while Gracie was upstairs in the midst of a *temper tantrum over her clothing selection, and Brooke and I had all but given up, Elena quietly climbed the stairs to calm her sister. Five minutes later, she came downstairs holding Gracie's hand remarking to both of us how wonderful Gracie looked this morning, while Gracie wiped away tears. (4)Not only had she managed to calm Gracie, but she also dressed her in the exact clothes that we had failed to get her to wear twenty minutes earlier.

Friends don't have to be the same in order to get along. Sometimes (5)it is the differences that make a friendship work. In Gracie and Elena's case, it is also what makes them perfect for each other.
(6)

*bottle feeder: 哺乳瓶でミルクを飲ませる役目
*staged antics: 大げさなおどけた動作
*infectious smile: 思わず引き込まれる笑顔
*temper tantrum: 癇癪(かんしゃく)

設問レベル1　　　25min | Question level 1

問1　下線部(1)はどういうことか，30字以内で説明しなさい。

問2　下線部(2)を意味が通るように並べかえなさい。

問3　下線部(3)が表しているものを本文中の単語1語で答えなさい。

問4　下線部(4)を she と her が指すものを明らかにしながら和訳しなさい。

DAY 12

問5 下線部(5)を和訳しなさい。

問6 下線部(6)の it の指すものを本文中の語を用いて答えなさい。

問7 本文の内容と一致するものを①~④のうちから一つ選びなさい。
① Elena had expected the impact which would be brought by her sister.
② Elena was matured enough to comfort Gracie whenever she was in a temper tantrum.
③ The author was confident that his daughters could take advantage of being close in age.
④ Her sense of being a big sister encouraged Elena to take care of Gracie.

問8 本文中に出てくる次の単語と下線部の発音が異なるものをそれぞれ一つ選びなさい。
(7) comfort
① country　　②　dozen　　③　collect　　④　flood
(8) hold
① only　　②　low　　③　folk　　④　brought

設問レベル2　　Question level 2　5min

要約　空所に適する語句を選択肢から補って、要約文を完成させましょう。

❶ エレナとグレーシーは姉妹というより　(a)　。年の差わずか22ヶ月で、着る物、おもちゃ、趣味だけでなく、人生もいっしょだった。　(b)　ような気がして、筆者は子供たちを年齢差2歳以下になるようにもうけた。

❷ エレナはグレーシーが生まれるときからしっかり姉としての自覚を持ち、妹の世話をした。グレーシーが生後半年のころまでは、　(c)　役であったが、それ以降は、　(d)　役で、　(e)　役になっている。

❸ 　(f)　が仲の良い関係をつくる要因となることもある。

選択肢
①同じであることより、違うところがあること　②グレーシーがエレナを楽しませる　③メリットがある　④エレナは母親のようにグレーシーをなだめる　⑤エレナがグレーシーを楽しませる　⑥親友のように仲が良い

DAY 13

出題校: **法政大学**
語数: **420語**
難易度: ♛♛♛♕
正解&解説: **p. 144**

Warming up

次の語(句)の正しい意味を選びましょう。 》重要語句リストは別 p.46 参照

(1) **intimidating**
① 臆病な　② 馴れ馴れしい　③ 詳しい　④ 脅威的な

(2) **obvious**
① 明白な　② 忘れやすい　③ 節度を欠いた　④ 従順な

(3) **manipulate**
① 熟考する　② 操作する　③ 指導する　④ 植民する

(4) **enthusiast**
① 反乱者　② 専門家　③ 権力者　④ マニア

(5) **refer to ~**
① ~のほうが好きである　② ~まで延期する
③ ~に言及する　④ ~に専念する

(6) **haunt**
① 叫ぶ　② 呼びとめる　③ 悩ます　④ 歓迎する

(7) **participant**
① 参加者　② 居住者　③ 戦闘員　④ 会計係

(8) **the bulk of ~**
① ~の総量　② 一定の~　③ ~の大半　④ 多数の~

(9) **by contrast**
① 比較的　② 明白に　③ しかしながら　④ それに反して

(10) **myth**
① 通説　② 失敗　③ 私腹　④ 蛾

■ 次の英文を読んで，後の設問に答えなさい。 25min

　Few Japanese have the fear of robots that seems to haunt Westerners in novels and Hollywood films. In Western popular culture, robots are often a threat, either because they are manipulated by evil forces or because something goes horribly wrong with them. By contrast, most Japanese view robots as 　(1)　. Japanese popular culture has constantly portrayed robots in a positive light, ever since Japan created its first famous cartoon robot, Tetsuwan Atomu, in 1951. Its name in Japanese refers to its atomic heart. Putting a nuclear core into a cartoon robot less than a decade after Hiroshima and Nagasaki might seem <u>an odd way</u> to attract people to the new character. But Tetsuwan Atomu — being a robot rather than a human — was able to use the technology for good.

　It is no surprise, therefore, that many Japanese seem to like robot versions of living creatures, more so than the living creatures themselves. An obvious example is AIBO, the robotic dog that Sony began selling in 1999. The bulk of its sales has been in Japan, and the company says there is a big difference between Japanese and American consumers. American AIBO buyers tend to be computer enthusiasts who want to hack the robotic dog's programming and check out the way it works. On the other hand, most Japanese consumers like AIBO because it is a clean, safe and predictable pet.

AIBO is just a fake dog. As the country gets better at building interactive robots, their advantages for Japanese users will multiply. A robot researcher cites the example of asking directions. In Japan, people are more reluctant than in other places to approach a stranger. Building robotic traffic police and guides will make it easier for people to overcome their shyness.

To understand how the Japanese might find robots less intimidating than people, researchers have been investigating eye movements, using headsets that monitor where the participants of the study are looking. (ア) One myth about the Japanese is that they rarely make eye contact. (イ) This is not true. (ウ) When answering questions put by another person, the participants made eye contact around 30% of the time, which is not such a low percentage. (エ) Although more tests should be done, the results suggest that the Japanese seem to be much more at ease when talking to an android. (オ)

設問レベル 1 ⏱20min | Question level 1

問 1　空所(1)を補うのに最も適切な語句を①〜④のうちから一つ選びなさい。
　① cruel and corrupt　　　　② friendly and harmless
　③ new and innovative　　　④ strong and destructive

問 2　下線部(2)でなぜ an odd way と言われているのか。①〜④のうちから最も適切な答えを一つ選びなさい。
　① Because it was a common method in creating a new and attractive character.

② Because the combination of a nuclear heart and a robot seemed too typical.
③ Because it had not been long since the atomic bombs were dropped.
④ Because robots would usually be able to make good use of technology.

問3　下線部(3)の具体例として最も適切なものを①〜④のうちから一つ選びなさい。
① "Where can I catch the bus to downtown Tokyo?"
② "Do you find it easy to ask questions to a stranger?"
③ "How much is it from San Francisco to Hawaii?"
④ "Would you tell me how to use this vending machine?"

問4　下線部(4)を和訳しなさい。

問5　第4段落に以下の文を入れるとしたらどこが最も適切か。段落内の(ア)〜(オ)から一つ選びなさい。

However, when talking to an android who had been modeled on a famous newsreader, the same participants were much more likely to look it in the eye than they were a real person.

問6　本文中に出てくる次の単語の中で，アクセントの位置が異なるものを一つ選びなさい。
① evil　　② refer　　③ portray　　④ cartoon

設問レベル2　　5min | Question level 2

要約　空所に適する語句を選択肢から補って，要約文を完成させましょう。

❶ 欧米人にとって，ロボットは　(a)　であるのに対して，日本人にとっては，「鉄腕アトム」以来，　(b)　であり，生物型のロボットを好む日本人は多い。

❷ 日本人がロボットを人間ほど怖いと感じない理由をさぐるために　(c)　を調べたところ，人から質問されて答える際にアイコンタクトをとる日本人は，通説と違って　(d)　が，有名なニュースキャスターをモデルにした人型ロボットの場合だと，　(e)　傾向があった。

選択肢　①さらに気兼ねなくしっかり目を見て話せる　②目の動き　③恐怖の対象　④それほど少なくなかった　⑤親しみのある存在

DAY 14

出題校: **上智大学**
語数: **362語**
難易度: 👑👑👑👑
正解&解説: **p. 149**

Warming up

次の語(句)の正しい意味を選びましょう。 »重要語句リストは別 p. 47 参照

(1) reinforce
① 統治する ② 復権させる ③ 再生する ④ 強化する

(2) structure
① 指導 ② 破壊者 ③ 公共施設 ④ 建造物

(3) magnificent
① 磁場の ② 堂々とした ③ 決定的な ④ 確実な

(4) take place
① 参加する ② 昇進する ③ 起こる ④ 予約する

(5) restore
① 修復する ② 再燃する ③ 放棄する ④ 減量する

(6) evil
① 邪悪 ② 葛藤 ③ 慈愛 ④ 偏見

(7) enduring
① 〜の間 ② 努力 ③ 最終的に ④ 不朽の

(8) dauntingly
① ぼんやりと ② 何気なく ③ 圧倒されるほど ④ 明らかに

(9) monopoly
① 独占 ② 水準 ③ 降下 ④ 優先

(10) headquarters
① 首長 ② 本部 ③ 見出し ④ 上層部

■ 次の英文を読んで，後の設問に答えなさい。　　　　　　30min

　　The Trial of Black Bart's Men, as it came to be known, took place in 1722, in the dauntingly magnificent-looking, pure white cliff-top building that still stands well to the west of the capital of Ghana: the famous Cape Coast Castle. It was adventurous Swedes who first built a wooden structure here, near a coastal village named Oguaa, as a centre for gold, ivory, and lumber trading: it next passed into the hands of another unlikely Scandinavian colonizing power, the Danes; and then in 1664, it was captured by the British, who had an enduring colonial interest in West Africa and held on to the Gold Coast — as Ghana was then called — for the next three hundred years. At the beginning — and at the time of the piracy trial — the Castle became the regional headquarters of the Royal African Company of England, the private British company that was given "for a thousand years" a British government monopoly to trade in slaves over the entire 2,500-mile Atlantic coastline from the Sahara to Cape Town.

　　Though the monopoly ended in 1750, slavery endured another sixty years and British colonial rule for another two hundred. The British turned the Castle into the imposing structure that remains today — and it has become sufficiently well known and well restored that it attracts large numbers of visitors, including many African-Americans who naturally have a particular interest in its story. The American President, Barack Obama, visited with his family in 2009, to see and experience what remains one of the world's most poignant physical illustrations of the evils of slavery.

The dire reputation of the place is reinforced by its ⬚ (5) ⬚: though Cape Coast Castle is the smallest of the three surviving slaving forts on the Bight of Benin, it was designed to be by far the most austere and forbidding. It also has the infamous "door of no return" through which
(6)
tens of thousands of hapless African men, women and children were led in chains and shackles onto the ships that then crossed the Atlantic's infamous Middle Passage, eventually bringing those who survived the rigours of the journey to the overcrowded quarters of eastern America and the Caribbean.

設問レベル1　　　　　　　　　　　　　　　25min | Question level 1

問1　下線部(1)を和訳しなさい。その際，Black Bart's Men は「海賊ブラックバートの手下」と訳すこと。

問2　下線部(2)の it と同じ用法の it を，①〜④のうちから選びなさい。
　①　It is advisable for you to go there by train.
　②　It was in New York that I met Mary for the first time.
　③　It is three years since he died of cancer.
　④　It is about ten minutes' walk to the grocery store.

問3　下線部(3)の it の指すものを本文中から抜き出しなさい。

問4　下線部(4)を和訳しなさい。

DAY 14

問5 空所(5)に入れる適切な語を一つ選びなさい。
① importance　② independence　③ existence　④ appearance

問6 下線部(6)の door of no return とはどういうことか，本文の内容に即して説明せよ。

問7 本文の内容と一致するものを①〜④のうちから一つ選びなさい。
① The Danes conquered Oguaa through piracy, following adventurous Swedes.
② Slavery was abolished the time when British colonial policy came to an end.
③ The American President visited the Castle to trace the origins of his family.
④ British was able to turn the symbolic structure of slavery into the famous sightseeing place.

問8 本文中に出てくる次の単語とアクセントの位置が同じ単語をそれぞれ一つ選びなさい。
(7) magnificent
① communicate　② mathematics
③ sympathetic　④ democratic
(8) private
① canal　② advise　③ effort　④ percent

設問レベル2　⏱5min　Question level 2

要約 空所に適する語句を選択肢から補って，要約文を完成させましょう。

❶ ケープ・コースト城は，　(a)　建物で，1722年に　(b)　場所である。この場所にまず　(c)　，その後，　(d)　，1664年には　(e)　いる。

❷ 当初，英国政府から　(f)　を与えられていた英国の私企業，イギリス王立アフリカ会社の地区本部であったが，独占は1750年に終わり，英国によって現在のような建物に　(g)　ため，たくさんの人が訪れている。

❸ 城は　(h)　としては最小ながら，他よりもはるかに　(i)　に設計されている。また，何万人もの　(j)　がある。

選択肢 ①奴隷貿易の独占権　②アフリカ人奴隷が通った『戻れない扉』　③質素で恐ろしい外観　④海賊ブラック・バートの手下の裁判が行われた　⑤英国が手に入れて　⑥しっかり修復され，有名になった　⑦スウェーデン人が木造の建物を建て　⑧ベニン湾沿いにある奴隷売買の市場　⑨ガーナの首都の西部に建つ　⑩デンマーク人の手に渡り

DAY 15

出題校	西南学院大学
語数	365語
難易度	♛♛♛♕♕
正解&解説	p. 155

Warming up

次の語(句)の正しい意味を選びましょう。 ≫重要語句リストは別 p.49 参照。

(1) talented
① 有名な ② 才能のある ③ 裕福な ④ 人気のある

(2) make for ~
① ～に役立つ ② ～に間に合う ③ ～を補填する ④ ～を理解する

(3) flexible
① 流動的な ② 香りの良い ③ 柔軟な ④ 対等の

(4) objective
① 物体 ② 目的 ③ 標的 ④ 被験者

(5) inspire O to do (~)
① O を脅して～させる ② O に～するよう懇願する
③ O が～するよう仕向ける ④ O を刺激して～させる

(6) stand out
① 立候補する ② 主張する ③ 見張りをする ④ 目立つ

(7) utilize
① 声を発する ② 活用する ③ 可視化する ④ 自動化する

(8) steady
① 安定した ② 動揺した ③ 本気の ④ 熱心な

(9) compromise
① 推測する ② 期待する ③ 妥協する ④ 誓う

(10) perspective
① 視点 ② 将来性 ③ 関連性 ④ 追想

次の英文を読んで，後の設問に答えなさい。 30min

What are the qualities of good leaders? What makes them successful? Think of some of the greatest leaders of all time. What allows them to stand out from others? Words such as "heroic," "inspiring," and "flexible"   (1) . These are all leadership qualities, but what really makes for a strong and successful leader?

Successful leaders are able to influence others. They are able to manage relationships with others to create positive results. They use their unique qualities to inspire a staff, a team, or a nation to achieve goals. They can see beyond themselves to look at achieving long-term goals by utilizing their strengths   (2)   with the strengths of others. Winston Churchill is thought by many to be one of the greatest leaders in history. He was a talented speaker and lawmaker, but what made Churchill a great leader was his ability to influence and strengthen the will of his people through his words and policies.

Leaders assist in change, but their values and goals   (3)   steady and unchanging. They have a fixed and unchanging purpose that keeps them focused on a certain goal or objective in spite of problems or difficult conditions. Despite hardships, they keep their original, clearly defined goals in mind.

Successful leaders not only have a fixed, long-term perspective on goals; they also have new and flexible ways of achieving those goals. They are flexible in their approach and are prepared to make 〔 (4) 〕 and improvements along the way: leaders "bend but don't break." Churchill allowed his belief in democracy and freedom to direct his wartime thinking and policies. <u>However, it was not only his policies, but also his flexibility that allowed him to carry out those policies that made him a successful leader.</u>

Finally, leadership such as 〔 (5) 〕 demonstrated by Churchill is about inspiring others to do the right thing. They are not only able to inspire those around them to stretch and do 〔 (6) 〕 best to fulfill the group mission. They are also able to inspire those around them in order to achieve desired results without 〔 (7) 〕 their moral standards. As business expert Peter F. Drucker said: "Management is doing things right; leadership is doing the right things."

設問レベル1　⏲25min | Question level 1

問1　文法的かつ意味的に適切な文章となるように，空所(1)〜(7)に入れるのに最も適当な語句をそれぞれ一つ選びなさい。

(1) ① come to mind ② can say ③ are opinion ④ are reminded
(2) ① combined ② common ③ and ④ plus
(3) ① aren't ② remain ③ do ④ put
(4) ① quickly ② always ③ necessity ④ corrections
(5) ① ever ② never ③ that ④ those
(6) ① its ② our ③ all ④ their
(7) ① compromise ② compromising
　　③ being compromised ④ compromised

問2 チャーチルを偉大な指導者にした要素を30字以内で説明しなさい。

問3 第4段落から「成功をおさめた指導者」が持つ二つの要素をそれぞれ25字以内で説明しなさい。

問4 下線部を和訳しなさい。

問5 本文中に出てくる次の単語と下線部の発音が同じものをそれぞれ一つ選びなさい。
- (8) **allow**
  - ① drown　② growth　③ throw
- (9) **certain**
  - ① maintain　② curtain　③ entertain

設問レベル2　⏱5min | Question level 2

要約　空所に適する語句を選択肢から補って、要約文を完成させましょう。

❶ 良いリーダーとは、 (a) があり、自分の力に他者の力を合わせて (b) 人物である。変革に対して助力するが、リーダー自身の価値観や目標は、 (c) 。目標に対して (d) を持っているが、目標を達成するための方法については、 (e) ことにやぶさかでない。

❷ リーダーシップとは、ただ他者を刺激して集団の目標を達成すべく最善を尽くさせるということではない。 (f) ことである。ピーター・ドラッカーの言葉を借りれば、経営とは (g) ことであるが、リーダーシップとは (h) ことである。

選択肢
①ぶれない長期的な展望　②柔軟に修正・改良を加える　③他者に対する影響力　④適切なことを行う　⑤妥協のない適切な結果をもたらすべく刺激する　⑥いかなる困難にも揺らぐことはない　⑦物事を適切に行う　⑧遠い先の目標を達成することへ目を向けられる

正解 & 解説

【 掲載英文の出典一覧 】

DAY 2	Catherine Brahic, *Zoos consuming elephants from the wild*, New Scientist 電子版, 11 December, 2009
DAY 3	Louise & Richard Spilsbury, *Wonderful Ecosystems*, Oxford University Press, 2011
DAY 4	出題校によるオリジナル英文を使用
DAY 5	出題校によるオリジナル英文を使用
DAY 6	Nicholas Gregory Mankiw, Mark P. Taylor, *Microeconomics*, Cengage Learning EMEA, 2006
DAY 7	David McDowall, *Britain in Close-up*, Longman, 2000
DAY 8	pp. 93-95, *Growing up with Two Languages*, 3rd edition, Una Cunningham-Andersson, Routledge, 1999
DAY 9	Melanie Joy, *Why We Love Dogs, Eat Pigs, and Wear Cows: An Introduction to Carnism*, Conari Press, 2011
DAY 11	Brian C. Black, Richard Flarend, *Alternative Energy*, ABC-CLIO, 2010
DAY 12	Desserich, B., & Desserich, K. (2009). *Notes left behind*. William Morrow: New York.
DAY 13	"Better than people," *The Economist*, 12/24/2005
DAY 14	Simon Winchester, *Atlantic (Enhanced Edition): Great Sea Battles, Heroic Discoveries, Titanic Storms, and a Vast Ocean of a Million Stories*, HarperCollins, 2010
DAY 15	Steven Stralser, *MBA in a Day*, John Wiley & Sons, Inc., 2012

本書に掲載されている著作物のうち、英文末尾に（※）を付したものは、2014年7月25日に著作権法第67条第1項の文化庁長官の裁定を受けて掲載しております。

DAY 1 | ブロッコリーの効用

正解

設問レベル1 問1 (1)-② (2)-③ (3)-① (4)-① 問2 (5)-① (6)-④ (7)-② (8)-③ (9)-④ 問3 (10)-③ (11)-③

設問レベル2 (a)-⑦ (b)-⑥ (c)-③ (d)-⑤ (e)-② (f)-① (g)-④

解き方

問1

(1)-② 直前の文の内容の読み取りがポイント。直前の文は「ブロッコリーは他のビタミンやミネラルも大量に含んでいる」と述べており，「このことはダイエットにとって重要だ」に対する理由の部分が空所になっている。その内容から空所にふさわしいのは「体は栄養素を必要とする」という意味となる② needs だと分かる。

(2)-③ 空所を含む文の読み取りがポイント。S + lead + O + to do(~)「SによってOは~する」，call + O + C「OをCと呼ぶ」などから「ブロッコリーの大きなかさと低いカロリーの（　　　）によって人々の中にはそれを『負のカロリー食品』と呼ぶ人もいる」という内容を踏まえて空所に入るものを考えると，③の combination「組み合わせ」が適切。

> **ポイント**
>
> **SVO + to do**
> » S + V + O + to do(~) は「SによってOは~する」と訳すと，英文の内容をつかみやすくなることが多い。動詞の意味がわからない場合や，うまく内容が頭に入ってこない場合は「SによってOは~する」で意味をとってみよう。和訳を求められている場合は，そこからよりこなれた日本語を考えるとよい。
>
> Paul's behavior　caused　me　to laugh.
> 　　S　　　　　　V　　　O　　to do
> 「ポールの仕草によって私は笑った」→「ポールの仕草に私は笑ってしまった」

(3)-① 動詞の語法の理解がポイント。選択肢には動詞が並んでいるので空所の直後にある言葉の配列に着目すると，"空所(動詞) + the broccoli(名詞) + slow(形容詞) + to digest"となり，「動詞(V) + 名詞(O) + 形容詞(C)」の SVOC の文型をとる動詞が正解になると考えられる。さらに，slow が形容詞であることも考慮して選択肢を選ぶと，C に形容詞を置いて SVOC をとれる①の make が適切。S + make + O + C で「SによってOはCになる」。「それ[=水溶性食物繊維]によってブロッコリーは消化を遅くする」という意味になる。

(4)-① 空所を含む文の内容把握がポイント。空所を含む文の主語「高い栄養含有量，低カロリー，そして食物繊維」は減量にとってのプラス要素。当然それらの要素は「ダイエットと健康に」プラスの影響を与えるはず。以上を踏まえると①の perfect「完璧」が適切。「高い栄養含有量，低

DAY 1

カロリー，そして食物繊維がブロッコリーをダイエットと健康に対して完璧なものにする」という意味になる。

問2

(5) - ① 設問の訳 「たくさんの栄養素を持つ食品を食べることは，なぜダイエットする際に重要なのか」
① 「十分な栄養が取れないと，もっと多くの食品を食べたくなる」が正解。$ll.9 \sim 10$ (if ... more) に合致。

(6) - ④ 設問の訳 「なぜブロッコリーは時に『負のカロリー食品』と呼ばれるのか」
④ 「それ[＝ブロッコリー]は与えるカロリーよりも消化に必要なカロリーの方が多い」が正解。$ll.15 \sim 16$ (This ... them) に合致。

(7) - ② 設問の訳 「なぜブロッコリーの食物繊維は特別なのか」
② 「それ[＝ブロッコリー]は2種類の有益な食物繊維を持つ」が正解。$ll.17 \sim 19$ (Half ... health) に合致。

(8) - ③ 設問の訳 「ブロッコリーの水溶性食物繊維の利点は何か」
③ 「それ[＝ブロッコリー]は消化を遅らせる」が正解。$ll.20 \sim 21$ (It ... longer) に合致。

(9) - ④ 設問の訳 「筆者は現在ブロッコリーについてどのように感じているか」
④ 「②と③の両方」が正解。$ll.27 \sim 28$ (Even ... day) に合致。② 「彼女はいまだにそれ[＝ブロッコリー]の味が好きではない」，③ 「彼女はそれ[＝ブロッコリー]が健康に非常によいと思っている」

問3

(10) - ③ vitamin [váɪtəmɪn]「ビタミン」
① right [ráɪt]「正しい，権利」，② height [háɪt]「高さ」，③ gate [géɪt]「門」

(11) - ③ burn [bə́ːrn]「燃える」
① early [ə́ːrli]「早く」，② hurt [hə́ːrt]「害を与える」，③ heart [háːrt]「心」

ポイント

発音のポイント
≫ ar / ir / ur / er / or / の発音が，日本語で表記した時に「アー」になる場合，ar は [ɑːr]，それ以外は [əːr] になることが多い。
hard [háːrd] / bird [bə́ːrd] / turn [tə́ːrn] / person [pə́ːrsn] / work [wə́ːrk]
≫ ear の発音が，日本語で表記した時に「アー」になる場合，[əːr] になることが多く((a))，[ɑːr] と発音するのは例外的((b))。
  (a) early [ə́ːrli] / learn [lə́ːrn] / earth [ə́ːrθ] / search [sə́ːrtʃ] / pearl [pə́ːrl] など
  (b) heart [háːrt] / hearth [háːrθ] など

読み下し訳　≫完全和訳文は 別 p.3 参照。

❶ I hate broccoli. I could easily live the rest of my life without ever eating
　私は／大嫌いだ／ブロッコリーが。／私は／容易に生きられる／残りの人生を／ずっと食べることなしに

DAY 1

another piece of broccoli again. Yet I now eat broccoli every day. I do this because broccoli is absolutely the best food for losing weight.

❷ The first reason broccoli is a good diet food is that it is rich in nutrients. Like all green vegetables, broccoli is full of vitamin A. In addition, a cup of broccoli has as much vitamin C as a whole orange. Vitamin C helps your body burn fat. Broccoli also contains large amounts of other vitamins and minerals. This is important for dieting because your body needs nutrients, and if you don't get enough of them, you want to eat more. Therefore, by eating broccoli you become satisfied sooner and eat less.

❸ While broccoli is very high in nutrition, it is also low in calories. One hundred grams of boiled broccoli contain only 35 calories. The combination of broccoli's large bulk and low calorie count leads some people to call it a "negative calorie food." This supposedly means that your body spends more calories digesting these foods than it gets from eating them.

❹ Most importantly, broccoli is full of fiber. Half of the fiber in broccoli is soluble, meaning it dissolves in water, and the other half is insoluble. Both kinds of fiber are necessary for good health. Soluble fiber lowers your LDL cholesterol and reduces the risk of heart disease. It also makes the broccoli slow to digest, so you feel full

DAY 1

longer. The insoluble fiber in broccoli helps clean out your system, prevents constipation,
/より長く。/不溶性の食物繊維（ブロッコリー内の）は /助ける /からにするのを /あなたの体を、/防ぐ /便秘を、

and removes waste from your colon. Thus, having both kinds of fiber makes broccoli
/そして /取り除く /便を /あなたの大腸から。/したがって /持つことは /両方の種類の食物繊維を /〜にする /ブロッコリーを

an especially beneficial food to eat.
/特に体に良い食品に〈食べると〉。

❺ In conclusion, broccoli is a great food for losing weight. Its high nutrition content,
/結論として、 /ブロッコリーは /とても良い食品である /減らすことにとって /体重を。 /その高い栄養含有量、

low calories, and fiber make it perfect for both dieting and health. Even though I
/低カロリー、 /そして /食物繊維も /〜にする /それを /完璧に /ダイエットと健康の両方にとって。 *6 /〜であるが /私は

don't really like its taste, it has so many benefits that I now eat it every day.
/あまり好きではない /その味を、/それは /持って いる /とてもたくさんのメリットを /だから /私は /今では食べている /それを /毎日。

構文解説

＊1 **The first reason broccoli is a good diet food is that it is rich in nutrients.**

» "The first reason broccoli is" のように "**名詞 SV**" の見た目になっている場合、まずは「関係詞が省略されており、SV が名詞を修飾している」と考えてみよう。ここでは broccoli is a good diet food の前に関係副詞 why が省略されており、この関係詞節は The first reason を修飾する。関係代名詞だけでなく関係副詞も省略される場合があることにも注意。

　　　　　　名詞　　S　V

» 接続詞 that は名詞節を導き The first reason の補語としての働きをしている。

　　The first reason ... is that it is rich in nutrients.
　　　　　　S　　　　　V　　　　　　C

＊2 **Vitamin C helps your body burn fat.**

» help + **O** + *do*(-) は「**O** が〜するのを助ける・役立つ」という意味になる。*do* の前に不定詞の to が入る場合もある。
　This book **helped** me **to change** my life. 「この本は私が人生を変えるのに役立った→この本のおかげで、私は人生が変わった」

＊3 **While broccoli is very high in nutrition, it is also low in calories.**

» while は副詞節を導く接続詞。「〜する間に((a))」【節内が進行形になることが多い】、「〜であるのに対して((b))」【文中で用いることが多い】、「〜だけれども((c))」【文頭で用いることが多い】 などの意味がある。それぞれの意味には【 】に示した特徴があることが多いので、意味を特定する際のヒントにしよう。

(a) **While** she **was showering**, the man entered the bedroom and stole the diamond ring.
　　「彼女がシャワーを浴びている**間に**、その男は寝室に入ってダイヤの指輪を盗んだ」

(b) The company hasn't paid my salary since April **while** other employees have been paid.
　　「会社は4月以降、私の給料を支払っていない。他の従業員には払っている**のに**」

(c) **While** I like all kinds of music, my girlfriend only listens to rock music.
　　「私はあらゆるタイプの音楽が好き**だが**、彼女はロックしか聞かない」

＊4 **This supposedly means that your body spends more calories digesting these foods than it gets from eating them.**

» This は前文の "negative calorie food" を受ける。S mean that 節(-) は「S は〜ということを意味する」、spend + **O** + *do*ing(-) は「〜することに **O** を費やす」という意味。than 以下は、it = your body、them = these foods。

DAY 1

» that 節内を分解すると次の通り。
  (a)　your body spends **calories** digesting these foods
  (b)　it[＝your body] gets **calories** from eating them[＝these foods]
  ※(a)と(b)の calories を比較して，(a)のほうが多いと表現。
  もっと単純な文で確認しよう。
  (a′)　I have **books**.
  (b′)　She has **books**.
  ※(a′)と(b′)の books を比較して，(a′)のほうが多いと表現
  　→ I have **more books than** she has.
  この場合 "... than she has **books**" とはしない。このような than は，一見，関係代名詞のように働いているので，疑似関係代名詞と呼ばれることがある。

※5 Half of the fiber in broccoli is soluble, meaning it dissolves in water, and the other half is insoluble.

» meaning は分詞構文。meaning の意味上の主語は前文の "Half of the fiber in broccoli is soluble" と考える。この文が soluble というやや難しい(と筆者が判断した)語を使って表現したので，その意味を補足説明している。非制限用法の関係代名詞を用いて "..., which means ~," 「…で，それは〜という意味だが，」と置き換えて読むことができる。

» 文構造は次の通り。

Half of the fiber in broccoli is soluble, 〈meaning it dissolves in water,〉
———————————————————— — ——   　————————————————
　　　　　S₁　　　　　　　V₁　C₁　　　　　　　　　副詞句
and

the other half is insoluble.
—————————— — —————
　　S₂　　　V₂　　C₂

※6 Even though I don't really like its taste, it has so many benefits that I now eat it every day.

» Even though ~ 「〜であるけれども」は副詞節を導く。単に Though ~ で表すよりも意味が強く，「実際には〜なのだけれども，それでも…」という感じ。

» so ~ that ... は「非常に〜なので…」。so は many を修飾する副詞で，元々「それほど」という指示語。「それほど多くの利益がある」と先に述べて，「どれほどか」を that 以下で説明する。

DAY 2 | 動物園で消費される象

正解

設問レベル1 **問1** 動物園の象は世話を受け、そこには敵がまったくいないという事実にもかかわらず、欧米の動物園における死亡率は出生率よりも高く、そのことにより動物園の象の数が維持できなくなっている。　**問2**　その研究者らは動物園で象を飼うことにより、野生の象がより良く扱われるよう、その動物の行動を理解することができると考えている。　**問3** ③　**問4** the average lifespan　**問5** Zoo food is different from that in the wild　**問6** ③　**問7** ②　**問8** (7)-③　(8)-①

設問レベル2　(a)-⑦　(b)-③　(c)-⑤　(d)-⑧　(e)-⑥　(f)-④　(g)-②　(h)-①

解き方

問1　「正解」参照　和訳のポイントは二つあり、一つめは despite の直後の that と and の直後の that が同格の that で、and により結ばれているという点である。したがって、下線部のカンマまでは、「動物園の象は世話を受け、そこには敵がまったくいないという事実」と訳せる。二つ目は非制限用法の which を適切に処理することである。非制限用法の which は前の節の一部や全部、また文全体の内容を先行詞とすることができる。本問では which の先行詞は "death rates in Western zoos are greater than birth rates" である。非制限用法の which は「そしてそれが」と訳すとうまくいくことが多いので、先行詞の内容を押さえながら which 以下を直訳すると、「そしてそのことが動物園の象の数を維持できなくしている」となる。しかし、「そのことが〜している」というのはやや不自然な日本語なので、「そのことにより動物園の象の数が維持できなくなっている」とすると自然な日本語になる。

ポイント

同格の that

» 名詞の直後に that があり、that 以下が**完全文**（that節）の場合、その that は**同格の that** と呼ばれ、先行する名詞の内容を説明している。
I heard the rumor **that** he quit the job.「私は、彼が仕事を辞めた**という**噂を聞いた」
that の後ろが完全文で that 節は先行する名詞 (rumor) の内容を説明している。
cf. 関係代名詞の that の場合は that 以下が不完全文である。
I heard the rumor **that** you don't know.「私はあなたが知らない噂を聞いた」
that 以下は know の目的語が欠けている不完全文である。

問2　「正解」参照　believe より後ろは keeping elephants が **S**、helps が **V**、us が **O**、understand the animals' behavior が **C** となっている。help は "help + **O** + *do*(-)" という形をとり「**O** が〜することを助ける［に役立つ］」、と直訳できる。下線部では *do* の位置に "understand the animals' behavior" がきており、この部分までを直訳すると「動物園で象を飼うことは、私たちがその動

の行動を理解するのに役立つ」となる。

　次に "so that" 以下だが，この "so that" は「目的」を表す副詞の働きをするカタマリ（副詞節）を作り，understand にかかって「野生の象がより良く扱われるように（その動物の行動を）理解する」と訳せる。この部分は直訳でも及第点だが，「動物園で象を飼うことは，〜に役立つ」という部分を「動物園で象を飼うことにより，〜できる」と自然な日本語に変えるとさらに良い。

問3　③　空所の直後は "many endangered animals and wildlife" が S，"live" が V で一応完全な文であるが，「どこに」棲んでいるのかが欠けている。したがって③の関係副詞 where が正解となる。先行詞は Kenya's Amboseli National Park である。

問4　**the average lifespan**　この that は同じ名詞が繰り返し使われるのを避けるために用いられている that である。ここでは「（アンボセリ国立公園における象の）平均寿命と，動物園の象の平均寿命」が比べられているので，"the average lifespan" の反復を避けていると考えられる。

問5　**Zoo food is different from that in the wild**　与えられている単語から完成した英文の意味を予想するが，選択肢の that をどう使うかがポイント。完成した英文は「動物園の餌は野生の餌とは違う」という意味になると予想され，「餌 (food)」という名詞の繰り返しを避けるために that が用いられていると考えると，"Zoo food is different from that in the wild." という正解にたどり着けるはずである。

問6　③　語彙力が試されている問題。considerate「思いやりのある」と considerable「かなりの」は意味が紛らわしいので注意すること。また②の considering「考慮する」や④の considered「考慮される」が直後の amount を修飾するのは意味的におかしい。

問7　②　①は ll.25〜27（In ... zoo）の内容と合致せず。②は ll.15〜19（Female ... zoos）の内容と合致。③は本文に記述なし。④は ll.23〜24（Secondly ... zoo）にストレスについての記述はあるものの「多くの人に見られることからくるストレス」とは書かれていない。
選択肢の意味
①　動物園のメスの象は動物園から動物園へ移動させられた後平均7年以内に死ぬ傾向が強い。
②　アンボセリ国立公園にいるメスのアフリカ象は，たとえ人間が原因で死亡した場合を含めたとしても，動物園の象の2倍以上生きる。
③　アンボセリ国立公園にいる象に関する研究のおかげで，象の平均寿命は以前よりも伸びた。
④　動物園で飼育されている象の寿命が野生に生きる象より短い理由は，多くの人に見られることからくるストレスと関係している。

問8

(7)- ③ significant [sɪgnífɪkənt]「重要な」。第2音節にアクセント
① democratic [dèməkrǽtɪk]「民主主義の」。第3音節にアクセント
② scientific [sàɪəntífɪk]「科学の」。第3音節にアクセント
③ superior [supíəriər]「〜よりすぐれている」。第2音節にアクセント
④ literature [lítərətʃər]「文学」。第1音節にアクセント

(8)- ③ average [ǽvərɪdʒ]「平均」。第1音節にアクセント
① electric [ɪléktrɪk]「電気の」。第2音節にアクセント
② atomic [ətá:mɪk]「原子の」。第2音節にアクセント
③ delicate [délɪkət]「優美な・壊れやすい」。第1音節にアクセント
④ examine [ɪgzǽmɪn]「〜を調査する」。第2音節にアクセント

読み下し訳　≫完全和訳文は別 p.5 参照。

❶ *1 Zoos are consuming elephants, says a team of researchers who have compared
／動物園は ／消費している ／象を。 ／〜と言う ／ある研究者らのチームが ／彼らは ／比較してきた

the animals kept in zoos with animals living in the wild.
／動物（飼育されている／動物園で） ／動物（生息している／野生に）と。

The findings showed that the life expectancy of elephants in a zoo is significantly shorter
その研究結果は ／示した ［〜ということを／平均寿命（象の（動物園にいる））は ／著しく短い

than those in African wild places. Despite the fact that elephants in zoos receive care and
／それら（アフリカの野生にいる）より。 ／事実にもかかわらず ［〜／象（動物園にいる）は ／受けている／世話を／そして

that there are not any enemies there, death rates in Western zoos are greater than birth rates,
[〜ということ／いない ／いかなる敵も ／そこに]／死亡率（欧米の動物園の）は ／より大きい ／出生率より。

which makes the elephant population of the zoos unsustainable.
／このことは ／〜する ／象の数（動物園の）を ／維持できない状態に。

❷ According to researchers, efforts to breed elephants have been tried in European zoos
／研究者らによると、 ／努力（繁殖するための／象を）は ／試されてきた ／ヨーロッパの動物園で

for the last ten to twenty years. The researchers believe keeping elephants in a zoo helps us
／この10〜20年の間に。 ／その研究者らは ／考えている [[飼育すること／象を／動物園で] は ／役立つ／私たちが

understand the animals' behavior so that wild elephants can be managed better.
／理解するのに ／この動物の行動を ／その結果／野生の象を ／管理できる ／より適切に]と。

❸ The researchers collected data, and looked at 800 female elephants kept in European zoos
／この研究者らは ／集めた ／データを、／そして／考察した／800頭のメス象（飼育された／ヨーロッパの動物園で）

between 1960 and 2005. *2 They compared their survival
／1960年から2005年の間に。 ／彼らは ／比較した ／その象たちの生き残りを

DAY 2

to that of female African elephants in Kenya's Amboseli National Park, where
many endangered animals and wildlife live. Female African elephants live
on average 16.9 years in zoos, compared to 56 years in Amboseli National Park. When
the researchers added factors of human-caused deaths in the park, the average lifespan
was 36 years, which is still significantly longer than that in zoos.

❹ There are a few reasons. In the first place, zoo elephants have a far smaller space so they get less exercise. Zoo food is different from that in the wild, and is much easier to obtain, which could make zoo elephants overweight. Secondly, there is a considerable amount of stress on elephants kept in a zoo. In the wild, families of elephants stay together forever and are led by a mother elephant. In zoos, female elephants are moved from one zoo to another every seven years on average. It is said that elephants are more likely to die after a transfer to a new zoo.

❺ The researchers say they need more research data on the causes. They would like to stop importing elephants from Asia and Africa to Western zoos. They also would like to see transfers between zoos kept to a minimum.

構文解説

***1** Zoos are consuming elephants, says a team of researchers who have compared the animals kept in zoos with animals living in the wild.

≫ この文は倒置が起こっており (says a team of researchers ...)、冒頭の "Zoos are consuming elephants" が says の内容である。ここでは引用符 (" ") の表記を省略しているが、物語などではよくある語順である。

DAY 2

"Take your time, son," said his father.(「まあ，ゆっくりやれ」と彼の父親は言った)
こうすることで say の内容を際立たせることができ，また，"a team of researchers who ~" という長い主語を後ろに置くこともできるので，全体として読みやすくなっている。
なお，who 以下の文構造は次の通り。

who have compared the animals (kept in zoos) 〈with animals (living in the wild)〉
 S'   V'   O'   形容詞句   形容詞句

*2 They compared their survival to that of female African elephants in Kenya's Amboseli National Park, where many endangered animals and wildlife live.
» their survival の their は前文の "800 female elephants kept in European zoos" を指す。that of = the survival of で，代名詞 that は既出の名詞の反復を避ける。
» "~, where ..." の「カンマ＋関係副詞」(非制限用法の関係副詞)は，入試問題で和訳する場合は，後ろから戻って訳さずに，前からそのままの順序で訳す。where の先行詞は "Amboseli National Park" なので，"~, where ..." は「~したが，この公園には…」などとなる。

*3 Zoo food is different from that in the wild, and is much easier to obtain, which could make zoo elephants overweight.
» that in the wild = food in the wild
» and は文法的に同じ性質のものを結び，ここでは直後の is と文頭 Zoo food is の is が並列関係にある。
» "~, which ..." (非制限用法の関係代名詞 which) の先行詞は，直前の名詞だけでなく，名詞句，名詞節，文全体のこともある。この場合は "(zoo food) is much easier to obtain" である。"~, which ..." も前からそのままの順序で訳し，「そしてそのことは」とするとうまく訳せることが多い。

*4 They also would like to see transfers between zoos kept to a minimum.
» 文構造は次の通り。

They 〈also〉 would like to see transfers between zoos kept to a minimum.
 S   副詞   V   O   C

ここでの see + O + done(~) は「O が必ず~されるようにする」という意味で，この文は「彼らは動物園間の移動が最小限に保たれるようにもしたい」となる。see には「気を配る・取り計らう」という意味があり，"see (to it) that ~"「~であるように取り計らう，必ず~であるようにする(=make sure that ~)」は受験生にとって重要表現。ただし，see + O + done はまれなので覚えなくてもよい。

DAY 3

DAY 3 | 砂漠の動植物の不思議な生態

正解

設問レベル1 問1 サボテンには，喉の乾いた動物がサボテン内部の水を飲むために茎を壊すのを防ぐために，鋭いとげもある。　問2 ②　問3 砂漠のコウモリはサボテンの花から蜜を飲み，昆虫や他の小動物は砂漠の植物から葉や種を食べる。サソリやトカゲはコオロギのような昆虫や，その他の小動物を食べる。　問4 ①　問5 ③，⑤　問6 ④　問7 ④

設問レベル2 (a)-⑦　(b)-③　(c)-⑧　(d)-⑥　(e)-②　(f)-⑤　(g)-④　(h)-①

解き方

問1 「正解」参照　They は前文の主語 Cactus plants「サボテン」を指している。to stop と to drink は目的を示す不定詞「〜するために」と訳す。stop + O + from *doing*(~)「O が〜するのを妨げる」

ポイント

stop + O + from *doing*

» stop + O + from *doing*(~) は「O が〜をするのを妨げる」という意味。from の基本的意味である「〜から」の意味を踏まえ，O + from *doing* は「O がある動作から離れる」と考えるとよい。prevent, keep, hinder なども同様の構造を取る。
Heavy rain **prevented** me **from going.**「ひどい雨は私が出かけることを妨げた」
また，この構文が無生物主語を取っている場合，「S によって[のせいで]O は〜できない」と訳すと，より自然な日本語になる。
「ひどい雨は私が出かけることを妨げた」
→「ひどい雨**のせいで**私は出かけることが**できなかった**」
»動詞によっては，from の代わりに out of を使うものもある。
She **talked** him **out of** buying that car.「彼女は彼を**説得してその車の購入をやめさせた**」

問2 ② food chains の意味を段落から類推することがポイント。下線直後の文で「砂漠の food chains は植物から始まる」と述べられており，さらに次の文以降にその内容を具体的に述べた文が続く。それらの内容を考え適切な選択肢を選ぶと②「それぞれの生物がその次の階層を食料源として利用することに従って順序づけられた生物の階層的配列」が正解となる。その他の選択肢：①「生物の体に取り込まれ，エネルギーを提供し，生存のために必要不可欠な過程を維持するために使われる，ミネラルやビタミンなどと共にたんぱく質や炭水化物や脂肪から基本的に成り立っている物質」，③「食料を準備する際に様々な作業を行う電化製品」，④「小さく切った食べ物を，例えばオイルやとけたチーズのソースのような熱い液体の中に浸して食べる様々な料理」。

問3 「正解」参照　一つ目の文の一つ目の and は，Desert bats drink ~ と insects and other small animals eat ... の二つの節を結びつけている。二つ目の文の二つ目の and は insects like crickets

DAY 3

「コオロギのような昆虫」と other small animals を結びつけており，それぞれが動詞 eat の目的語になっている。

> **ポイント**
>
> **等位接続詞**
> ≫ and / or / but は「**等位接続詞**」といい，文法的・品詞的に対等なもの（語・句・節）どうしを結びつける。英文の読み取りが難しい場合は，原則として，❶ and, or, but の直後の形を見る，❷ 直後の形と同じ形を and, or, but の前から見つける，❸「並列つなぎ」の発想で読む，の3点を意識して読んでこう。
> Tom asked Jerry to come out of the room and play with him.
> → Tom asked Jerry to   come out of the room
>   and
>   play with him.
> 「トムはジェリーに**部屋から出てきて自分と遊んで**くれと頼んだ」

問4 ① 副詞の基本イメージを考えることがポイント。break off ~ で「~をちぎる」だが off の原義は「離れて」。「サソリの尾を壊して離す→サソリの尾をちぎる」と考えると「それを捨てる」と矛盾なくつながる。

問5 ③，⑤ 本文を読む前にあらかじめ選択肢を見て動物などの名詞に着目すると対応箇所を見つけやすい。①は ll.13〜14 (Meerkats . . . scorpions) に合致しない。②は ll.2〜3 (Cactus . . . water) に合致しない。③は第4, 5段落に合致する。④は ll.10〜11 (Animals . . . predators) に合致しない。⑤は ll.21〜22 (desert . . . eat) に合致する。⑥は第5段落に合致しない。⑦は ll.22〜23 (Desert . . . later) に合致しない。⑧は ll.26〜28 (Most . . . underground) に合致しない。

問6 ④ すべての段落に共通するテーマを考えると④「熱い砂漠」が適切。

問7 ④

① desert [dézərt]「砂漠」
② tortoise [tɔ́ːrtəs]「カメ」
③ insect [ínsekt]「昆虫」
④ collect [kəlékt]「を集める」

読み下し訳 ≫完全和訳文は**別** p.7 参照。

❶ Deserts are dry because it almost never rains.*¹ Desert plants collect the rain and store
  砂漠は /乾燥して /なぜなら /そこは /ほとんど雨が降ることが /砂漠の植物は /集める /その（わずかな）雨を /そして/蓄える
       いる   ないから

it so that they can live during the dry season. Cactus plants have stems that become fat
/それを，/~する /それ /生きられる /乾季の間に）． サボテンは /持って /茎を （それは/太くなる
       ように らが   いる

DAY 3

when they are full of water. They also have sharp spikes to stop thirsty animals

from breaking the stems to drink the water inside. The spikes don't stop birds from making

nests on the cactus plants.

❷ Like other food chains, desert food chains start with plants. Desert bats drink nectar

from cactus flowers, and insects and other small animals eat

leaves or seeds from desert plants. Scorpions and lizards eat insects like crickets, and

other small animals. Animals that hunt and eat other animals are called predators.

Some big predators in the desert are hawks, snakes, and foxes.

❸ Meerkats are desert animals that eat plants and insects, but they also eat scorpions.

In their tail, scorpions have venom — a juice that can kill other animals. So how do

meerkats eat scorpions and live? They quickly break off the tail and throw it away.

Then it's safe for the meerkat to eat the scorpion!

❹ People can take a bottle of water with them when they visit a desert, but how do animals

get water in these hot, dry ecosystems? Most desert animals don't drink water, but they

get water from their food. Lizards get water from the insects that they eat, and

desert tortoises get water from the plants that they eat. Desert tortoises can also store

water inside their body so that they can use it later. Tortoises can live for about a year

without drinking new water!

❺ A nocturnal animal is an animal that's busy at night and sleeps in the day.
夜行性動物は　　　　　/動物である　　（それは忙しい　/夜間に　/そして/眠る　　/日中に）。

Most desert animals sleep or hide from the heat in the day.
大半の砂漠の動物は　　/眠る　/ある/隠れる /暑さから　　　/日中は。
　　　　　　　　　　　　　　　いは

Some animals like desert squirrels, rabbits, and foxes, go into burrows underground.
一部の動物（砂漠のリス，ウサギ，キツネなどの）は　　　/入り /地中の巣穴へ。
　　　　　　　　　　　　　　　　　　　　　　　　　　　込む

Some animals hide in caves. Then at night, when it's cool, they come out to feed or hunt.
一部の動物は　/隠れる /洞くつに。　それから/夜間に，〈～とき /涼しくなる,〉/彼らは/出てくる　/餌を食べたり捕ったり
　　　するために。

＊7
Many nocturnal animals like fennec foxes have large eyes to help them see at night.
多くの夜行性動物（フェネックギツネのような）は　/持っ /大きな目を /役立つ /彼らが /ものを /夜間に。
　　　　　　　　　　　　　　　　　　　　　　　　　ている　　　　　　ように　　　　見るのを

＊8
Fennec foxes also have big ears so they can hear small animals like lizards and rabbits that
フェネックギツネは /～も持って /大きな耳を 〈～する /彼らが /～の音が /小動物（トカゲやウサギなどの）　　（それ
　　　　　　　　　　いる　　　　　　　　　　　　ために　　　　　聞こえる　　　　　　　　　　　　　　　　らを

they hunt in the dark.
/彼らが/捕る　暗闇の中で）〉。

構文解説

＊1 Desert plants collect the rain and store it so that they can live during the dry season.

» 文構造は次の通り。

Desert plants | collect | the rain | and | store | it
S₁ | V₁ | O₁ | | V₂ | O₂

⟨so that | they | can live | during the dry season⟩.
　　　　　 | S₃ | V₃ |
副詞節

» and は動詞 collect ~ と store ~ をつなぎ，どちらも主語 Desert plants の動詞。"so that **S** can do(~)" は「目的」を表す副詞節を導き「**S** が～できるように」と訳す。

＊2 Scorpions and lizards eat insects like crickets, and other small animals.

» 一つ目の and は scorpions と lizards を，二つ目の and は insects like crickets と other small animals をつないでいる。

» like は前置詞で，「～のように」という意味。具体例を示す際に用いる。この文では insects の具体例として crickets を挙げている。like より少し堅い言い方では such as を用いて，"insects such as crickets" のように表す。

　　　　　　　　　　　　　　　　形容詞句
Scorpions and lizards | eat | insects (like crickets), | and other small animals.
S₁ | S₂ | V | O₁ | O₂

＊3 Animals that hunt and eat other animals are called predators.

» 文構造は次の通り。

Animals (that hunt and eat other animals) | are called | predators.
S　　　　　形容詞節　　　　　　　　　　　　 | V | C

that から animals までが関係代名詞節で Animals を修飾している。"are called + **C**" は "call + **O** + **C**"「**O** を **C** と呼ぶ」の受動態。「**C** と呼ばれている」と訳す。

＊4 Meerkats are desert animals that eat plants and insects, but they also eat scorpions.

» that は関係代名詞。関係代名詞節 "that eat plants and insects" は desert animals を修飾して，「植物と昆虫を食べる砂漠の動物」という意味になる。

» they は meerkats を指す。

*5 In their tail, scorpions have venom — a juice that can kill other animals.
» ダッシュ（—）は，ある表現を，別の表現に置き換えて説明する「同格」の目印。ここでは venom という語を，a juice that ~ で言い換えて説明している。"that can kill other animals" は a juice を説明する関係代名詞節。

*6 Then it's safe for the meerkat to eat the scorpion!
» it は形式主語で to eat the scorpion が真主語。for +**名詞**は不定詞 to *do* の意味上の主語となるが，形容詞や文意によっては，for +**名詞**がその前の形容詞と強く結びついている場合がある。
　(a)　**形容詞** A for **名詞** N to *do*(~)　「N が~すること は A だ」
　(b)　**形容詞** B for **名詞** N to *do*(~)　「~すること は N にとって B だ」
safe は safe for ~「~にとって安全」という結びつきが強く，ふつう " ✕ It's safe that the meerkat eats the scorpion." のように that 節は取らないので，(b)のように解釈するのが良いだろう。ただし，「ミーアキャット**が**そのサソリを食べても安全なのだ」のように意訳することは可能。

*7 Many nocturnal animals like fennec foxes have large eyes to help them see at night.
» 文構造は次の通り。

<u>Many nocturnal animals</u> <u>(like fennec foxes)</u> <u>have</u> <u>large eyes</u>
　　　　S　　　　　　　　　形容詞句　　　　　V　　　O
　　　　　　　　　　　　　　〈to help them see at night〉.
　　　　　　　　　　　　　　　　　　副詞句

"like ~" は具体例を示す形容詞句で「~のような」と訳す。Many nocturnal animals の具体例として fennec foxes を挙げている。"to help ~" は動詞 have を修飾する「目的」を表す副詞的用法の不定詞と考えて「副詞句」としたが，large eyes を修飾する形容詞句と考えることもできる。副詞句なら「~役立つように大きな目をしている」，形容詞句なら「~役立つ大きな目をしている」となるが，意味にほとんど違いはない。

*8 Fennec foxes also have big ears so they can hear small animals like lizards and rabbits that they hunt in the dark.
» 文構造は次の通り。

<u>Fennec foxes</u> also <u>have</u> <u>big ears</u>
　　S₁　　　　　　 V₁　　O₁
　　　　　　　　　　　　　　形容詞節
　　　　　　　　　形容詞句　（関係代名詞節）
so <u>they</u> <u>can hear</u> <u>small animals</u> (like lizards and rabbits) (that they hunt in the dark).
　　S₂　　V₂　　　　　　O₂

» "... so (that) + **S** + can *do*(~)" は，「…なので~できる」という「結果」の意味と，「~できるように…」の「目的」の意味がある。「結果」を表す場合は，ふつう so の前にカンマを置くので，ここでは「目的」で訳してある。一つ前の文で "... have large eyes **to help** ..." 「…役立つように大きな目をしている」と，「目的」を表す副詞的用法の不定詞を用いていることも，この so (that) を「目的」で訳した理由である。

» "that they hunt in the dark" は関係代名詞節で，先行詞は "small animals (like lizards and rabbits)" である。関係代名詞 that 直前の rabbits ではないので注意。

DAY 4 | 嘘をつく子供は知的レベルが高い!?

正解

設問レベル1 問1 learning how to lie is an important step　問2 ③　問3 子供が嘘をつくことは彼らが成長の大事な段階に到達したという兆候である。　問4 ③　問5 大半の子供たちは，たとえビデオが（彼らが後ろのおもちゃを）見たことを示していても，見なかったと主張した。　問6 ③　問7 しかし，重要な事柄に関して嘘をつき，特にもし人が傷つくならば，それは社会的に受け入れられると考えられない。　問8 ④　問9 (8)-④　(9)-③

設問レベル2 (a)-⑤　(b)-④　(c)-③　(d)-①　(e)-②　(f)-⑥

解き方

問1　「正解」参照　名詞句を作る「疑問詞＋to do」を見抜くことがポイント。"how to lie" がカタマリになり，これがlearnの目的語になるので，learning how to lieと並べられる。"learning how to lie" が主語になることを見抜ければ残りは容易に並べられる。

問2　③　選択肢は全て，人の感情に関わる動詞から派生した分詞であり，形容詞として扱われる。選択肢で与えられている分詞の元になっている動詞はexcite「興奮させる」，surprise「驚かせる」，alarm「不安にさせる」，shock「ぎょっとさせる」という意味である。このような動詞は過去分詞になると「(人が)～した」という意味になる。空所を含む文はparentsが主語なので，「両親が～と感じる」となるように過去分詞を使うべきであり，答えはexcitedかalarmedに絞られ，文脈から判断すると，alarmedが正解になる。

ポイント

感情表現の他動詞

» excite / surprise / bore「退屈させる」/ satisfy「満足させる」のように，**人の感情に関わる動詞**は「～させる」という意味を持つ他動詞であり，それらの単語から派生した現在分詞は「(人を)～させるような」という意味になり，過去分詞は「(人が)～させられた」すなわち，「(人が)～した」という意味になる。

exciting「(人を)興奮させるような」	excited「(人が)興奮した」
surprise「(人を)驚かせるような」	surprised「(人が)驚いた」
boring「(人を)退屈させるような」	bored「(人が)退屈した」
satisfying「(人を)満足させるような」	satisfied「(人が)満足した」

問3　「正解」参照　itは前に出てきた，語，句，節，文の内容を受けることができ，ここでは文脈から直前の "their child tells a lie" を受けていると考えられる。またsignの直後のthatは同格のthatで，先行する名詞signの内容を説明している。

DAY 4

問4 ③ 選択肢を見て，関係(代名)詞が入りそうだと予想する。mental skills（知能が）develop（発達する）faster（より早く）で意味はまとまっており，先行詞 children は develop の主語でないことは言うまでもなく，目的語でもないことがわかる。よって，所有格の関係代名詞 whose が適切となる。

問5 「正解」参照 まず "done so"（原形ならば do so）は前に出た動詞表現の繰り返しを避けるために用いられており，done so が示すものは直前の "taken a look" である。したがって，"done so" の内容の和訳は「(後ろのおもちゃを)見た」となる（「見た」だけではなく「後ろのおもちゃを」と補っても良い）。次に，"they had" の後ろに省略されているものだが，省略が起こる主な理由は，一度出た語句の繰り返しを避けるためであり，ここで省略されているものは直前の "done so" である。done so の内容は "taken a look" であったから，「見た」と訳す。

問6 ③ 接続詞 when の直後に動詞の原形は置けないので①は不適切。receive という動作を行うのは主節の主語 we なので，「(私たちが)受け取る」という意味になるように receiving を選ぶ。

ポイント

接続詞を伴う分詞構文
≫ 分詞構文は主に「～したとき」「～してから」「～なので」という意味を表すが，どの意味なのかはあいまいなので，意味を明確にするために接続詞を伴う場合がある。「(一般に)～する場合，～した際に」という意味では when を伴うことがよくある。
What should I absolutely not do **when visiting** your country?「あなたの国を**訪れた際に**絶対にやってはいけないことは何ですか」
分詞構文はふつう「譲歩」は表さないが，while を伴うことでそれを表すことが可能になる。
While admitting Tom is smart, I don't like him.「トムが賢いのは**認めるが**，私は彼が好きではない」
ただし，「理由」の意味を明確にしたい場合は because, as, since などの理由を表す接続詞を分詞構文の前につけることはせず，節で表す。
Not knowing what to say, I remained silent.「何を言えばいいのかわからなかったので，私は黙っていた」
→× Because not knowing . . .
→○ Because I didn't know . . .

問7 「正解」参照 is not の後ろに省略されているのは直前の文の "considered socially acceptable" であり，それを補って訳す。"especially if people get hurt" はカンマとカンマで挟まれている副詞節の挿入であり，自然な日本語になるように最後に訳せば良い。

問8 ④ ①は $ll.21 \sim 22$ (The . . . look) の内容と合致。②は $ll.4 \sim 5$ (They . . . development) の内容や，$ll.9 \sim 10$ (Parents . . . development) のトロント大学の児童研究所長官の発言内容と合致。③は $ll.24 \sim 27$ (Of . . . acceptable) と合致。④本文に記述なし。
選択肢の意味
① とても幼い子供たちは，おもちゃを見たという事実を隠そうとはしなかった。

② 嘘をつくようになることは子供が精神的，社会的な能力を発展させていることを示している。
③ 大人の社会では，他者を傷つけるのを避けることを意図した類の嘘は許容される。
④ 知能の高い子供が周りの大人に叱られるのを避けるために事実に反する話をつくるのはたやすい。

問9

(8) - ④　psychologist [saɪkɑ́:lədʒɪst]「心理学者」。第2音節にアクセント
① fundamental [fʌ̀ndəmént̬l]「根本的な」。第3音節にアクセント
② supermarket [sú:pərmɑ̀:rkət]「スーパーマーケット」。第1音節にアクセント
③ systematic [sìstəmǽtɪk]「体系的な」。第3音節にアクセント
④ necessity [nəsésəti]「必要」。第2音節にアクセント

(9) - ③　convincing [kənvínsɪŋ]「納得させる」。第2音節にアクセント
① industry [índəstri]「産業」。第1音節にアクセント
② politics [pɑ́:lətɪks]「政治」。第1音節にアクセント
③ apparent [əpǽrənt]「明白な」。第2音節にアクセント
④ obvious [ɑ́:bvɪəs]「明らかな」。第1音節にアクセント

読み下し訳　≫完全和訳文は別 p.9 参照。

❶ According to some new research, young children who tell lies early in life
／ある新しい調査によると，／幼い子供たち　（彼らは／つく／嘘を／人生の早期に）は

are more likely to do well later. Canadian child psychologists spent three years producing
／よりうまくいく可能性が高い　／後に。／カナダの児童心理学者らは　／費やした　／3年間を　／出すことに

a study of 1,200 children aged between 2 and 14. They concluded that learning how to lie
／調査報告書（1,200人の子供たち（2歳から14歳の間の年齢の）を対象にした）を。　／彼らは／結論を出した［～と　／学ぶことは　／嘘のつき方を

is an important step in a child's mental and social development.
／重要な一歩である　／子供の精神的，社会的成長において］。

Only a fifth of two-year-olds tested in the study were able to lie. But 90% of the four-year-olds
／わずか5分の1しか（2歳児の／テストされた／この調査の））／嘘をつくことができなかった。　／しかし／90％（4歳児の）は

were capable of lying.
／嘘をつくことができた。

❷ The director of the Institute of Child Study at Toronto University said: "Parents
／長官（児童研究所の／トロント大学の）は　／語った／「親は

should not be alarmed if their child tells a lie. It is a sign that they have reached
／不安に思うべきではない　〈もし　彼らの子供が　／つい／ても　／嘘を〉。／それは／兆候である［～と　／彼らが／到達した

an important stage in their development." The study shows that children whose mental skills
／重要な段階に　／彼らの成長において］。と。／この調査は　／示している　［～ということを　／子供たち　（彼らの精神面の能力は

DAY 4

develop faster tend to lie earlier. Lying involves a kind of complex mental balancing act. Children have to keep the truth at the back of their minds while they create a convincing but false story for those around them. It requires intelligence to cover up their mistakes and avoid punishment.

❸ The researchers tested the younger children by telling them they must not look at a toy that had been placed behind them. Then the researchers left the room. The children's reactions were captured on a hidden video camera which had been set up before the test. When the researchers returned they asked the child whether or not they had turned round to look at the toy. The very young children all admitted they had taken a look. But by the age of four most children claimed they had not done so, even though the video showed that they had.

❹ Of course, lying continues to play an important part in adult society. When receiving a gift, we often say, "Thank you, it's just what I wanted!" even when the gift we received is something we don't like at all. Lying to avoid hurting somebody's feelings is considered socially acceptable. But lying over serious matters, especially if people get hurt, is not.

構文解説

*1 Children have to keep the truth at the back of their minds while they create a convincing but false story for those around them.
- » while は「〜しながら」という意味で「同時」を表す。
- » "a convincing but false story" の convincing と false はどちらも形容詞で、名詞 story を修飾する。
- » for those around them の those は「人々」という意味。必ずその後に関係代名詞節や前置詞句などの修飾表現を伴って「〜な人々」という形で使う。

*2 The researchers tested the younger children by telling them they must not look at a toy that had been placed behind them.

» telling 以下は tell + **O** + that 節 (~)「**O** に~ということを伝える」という形になっている (ここでは接続詞 that は省略されている)。

telling　them　they must not . . . behind them
　　　　　O　　　　　　that 節

» この文の動詞は the researchers **tested** と過去形が使われているが, "a toy that **had been placed** ~" の部分は過去完了形が使われている。これは,「test するより前に置かれていたおもちゃ」という過去よりもさらに過去を表す大過去用法である。なお, must には過去形がないので, 時制の一致はせず must のままになっている。

*3 The children's reactions were captured on a hidden video camera which had been set up before the test.

» which は関係代名詞で, その先行詞は "a hidden video camera" である。

» 主節の **V** である "were" と関係詞節の中の **V** である "had been" の時制の違いに注意。すなわち, 主節では過去形, 関係詞節内では過去完了形が使われているので, 関係詞節の内容は主節より時間的に前 (過去) のことだと分かる。たとえば,「テスト前に設置さ**れてあった**（ビデオカメラ）」のように解釈する。

*4 When the researchers returned they asked the child whether or not they had turned round to look at the toy.

» 文構造は次の通り。

副詞節
〈When the researchers returned〉 they asked the child
　　　　　　　　　　　　　　　　 S　　 V　　 O₁
whether or not they had turned round to look at the toy.
　　　　　　　　　　O₂(名詞節)

"When the researchers returned" は副詞節であるが, 短いので主節の前 (returned の後) にカンマを記していない。主節の内容に注目すると, **SVO₁O₂** の第 4 文型をとっている。**O₂** は接続詞 whether で始まる名詞節である。

» 時制に注目すると, 主節の過去形 (asked) に対して, whether 節の動詞は過去完了形 (had turned) になっている。つまり, この文も ***3** 同様, "had turned" が "asked" よりも前に行われた動作であることを示している。したがって,「彼らは子供に, おもちゃを見るために**振り向いた**かどうかを尋ねた」となる。このように時制に注目することで, 動作の順序が明確になり, より正確に読み進めることが可能となる。

DAY 5 | インドやアフリカの映画産業事情

正解

設問レベル1 問1 (1) およそ50本の長編映画が毎週制作されており，制作された映画の数に対してノリウッドはボリウッドについで世界で2番目となっている。 (2) 500以上の様々な母国語がナイジェリアで話されており，アフリカ中だとはるかに多くなる。 問2 the name used for movies made in Nigeria 問3 (ア)-④ (イ)-① (ウ)-② (エ)-③ 問4 (3)-③ (4)-② (5)-④ (6)-⑤ 問5 ④ 問6 ①

設問レベル2 (a)-⑥ (b)-③ (c)-⑧ (d)-⑨ (e)-⑤ (f)-② (g)-⑦ (h)-① (i)-④

解き方

問1

(1) 「正解」参照　", making ~"は分詞構文。主節の「およそ50本の長編映画が毎週制作されている」という内容がmakingの意味上の主語になっている。making(V') Nollywood(O') second(C')は make + O + C「OをCにする」という構造。second to ~「~に次ぐ」。producedは過去分詞でmoviesを修飾し，「制作される映画」という意味。

(2) 「正解」参照　There + be + **名詞** + **分詞**(~)「**名詞**が~している／されている」。初めて話題に出てくる名詞（新情報）が「どのような状況なのか」を分詞を用いて述べる表現。後半，and (there are) many more (languages spoken) across Africa (than in Nigeria) と省略を補うつもりで読む。「アフリカ中だとはるかに多くの言語が話されている」。many more + **複数名詞**(~) + than ...「...よりもはるかに多い~」。

問2 the name used for movies made in Nigeria　語群の直前は，"Nollywood is ~"と現在時制で述べられているので，usedとmadeは過去形ではなく過去分詞としてそれぞれが名詞を修飾すると考える。語群の直後には，"~, the country with ..."とありNigeriaの補足説明だと考えて"in Nigeria, the country with ..."と続ける。以上を考慮して自然な英文になるように並べかえると the name used for movies made in Nigeria「ナイジェリアで制作される映画に対して使われている名前」となる。

ポイント

同格

» 文の要素（S, O, C）に振り分けられない**名詞**₂が，別の**名詞**₁の直後に置かれて"**名詞**₁, **名詞**₂"や"**名詞**₁ ― **名詞**₂"となる場合，この二つの名詞は「同格」の関係にあると言える。「同格」とは，二つの名詞が「同一の関係」にあるということで，後半の名詞が前半の名詞の補足説明となる。「**名詞**₁，つまり**名詞**₂」や「**名詞**₂である**名詞**₁」といったように後半の名詞が前半の名詞の補足になるように訳そう。
John visited Tokyo, the capital of Japan, last week.「ジョンは先週日本の**首都である**東京を訪れた」

DAY 5

問 3

(ア)-④　「ハリウッドとボリウッドは毎年映画を見に行く人に数百万ものチケットを売っている」とあるが「ノリウッド映画は主にホームビデオ向けに製作されている」とあるので unlike「〜と違って」が適切。

(イ)-①　ラゴスの説明として「およそ 1,500 万人の人口」と述べているので with「〜を持つ」が適切。

(ウ)-②　「いつもはおよそ 2 週間で違法コピーが作られ」とあるので within「〜以内」が適切。

(エ)-③　空所の直後に「南アフリカ，ガーナ，ケニヤ」といった具体的な国名が挙げられているので like「〜のような」が適切。

問 4　誤りを消去していき，残った選択肢を解答に選ぶのが解答のコツ。

(3)-③　「インド映画は世界で最も多くの映画を作っている」。ll.12〜14（About ... produced）と合致する。

(4)-②　「ノリウッド映画のほとんどは小さなホームビデオプレイヤーで見られている」。ll.18〜19（Lagos ... theaters）と合致する。

(5)-④　「様々なアフリカの国の出身の俳優がノリウッド映画に出演している」。ll.30〜31（Nollywood ... countries）と合致する。

(6)-⑤　「ナイジェリアの他のアフリカのいくつかの国は現在オリジナルの映画を製作している」。ll.33〜34（Now ... industries）と合致する。

問 5　④　本文は「ハリウッド映画」の他に，人気のある「ボリウッド映画」，「ノリウッド映画」，「ノリウッド以外のアフリカの映画産業」の特徴を説明しているので，④「インドやアフリカの映画産業」が適切。

問 6　①　アクセントにはいくつかの決まりがある。以下に示したものはまずマスターしよう。
population [pɑ̀:pjəléiʃən]「人口」。-tion の一つ前の母音にアクセントがある。

① environment [ɪnváɪərnmənt]「環境」
② mathematics [mæ̀θəmǽtɪks]「数学」。-ics の一つ前の母音にアクセントがある。
③ situation [sìtʃuéɪʃən]「状況」。-tion の一つ前の母音にアクセントがある。
④ influential [ìnfluénʃl]「影響力の大きい」。-ial の一つ前の母音にアクセントがある。

読み下し訳　≫完全和訳文は別 p.11 参照。

❶ Hollywood movies are famous all over the world. They
　ハリウッド映画は　／有名である　／世界中で。　　　／それらは

are the most expensive movies to make and they earn the most money. However, Bollywood,
／もっともお金がかかる映画だ〈作るのに〉　　　　／そして／それ／稼ぐ　／もっとも多くのお金を。　／しかし、　／ボリウッドは
　　　　　　　　　　　　　　　　　　　　　　　　　　　　　らは

DAY 5

based in Mumbai in India, makes more movies than Hollywood, and they are seen by more people. The name Bollywood comes from combining "Bombay", the old name for Mumbai, and "Hollywood." Bollywood movies are mostly made in the Hindi language, and most of the people who watch them are Hindi speakers living in India and other South Asian countries.

❷ Now, there is a new challenger in the movie business — Nollywood. Nollywood is the name used for movies made in Nigeria, the country with the largest population in Africa. The industry is based in Lagos, the biggest city in Nigeria. About 50 full-length movies are made every week, making Nollywood second in the world to Bollywood for the number of movies produced. It is said that the Nollywood movie business is the second biggest employer in Nigeria after the government.

Unlike Hollywood and Bollywood movies, which sell millions of tickets to moviegoers each year, Nollywood movies are mostly made for home video. Lagos, with a population of around 15 million people, has only three movie theaters.

❸ Most Nollywood movies are made very quickly and very cheaply. Then they are sold in small shops and in markets. Usually, within about two weeks, illegal copies are made and the movie producers cannot sell their own copies any more.

❹ Some African people do not like Nollywood movies. They say the quality is poor. However,

DAY 5

Nollywood movies are now the most popular in Africa. One reason for this is that
most of them are made in English. There are over 500 different native languages spoken
in Nigeria alone, and many more across Africa. However, all over Africa, many people
can speak and understand English. This makes the movies easy to sell in different countries.
Another reason for their popularity is that Nollywood movies often feature actors
from other African countries. *6 People are happy to see actors from their own country
in these movies.

❺ Now, other countries like South Africa, Ghana and Kenya are developing
their own movie industries. *7 Hundreds of original African movies are being made every year,
and their popularity is slowly growing in countries outside Africa.

構文解説

***1** However, Bollywood, based in Mumbai in India, makes more movies than Hollywood, and they are seen by more people.
》"based ~ India" は Bollywood を意味上の主語とする分詞構文。"S, doing / done ~, V" のように S と V の間に挿入された分詞構文は、S についての補足説明の働きをする。「S は、〜だが、…」といったように主語と分詞構文の部分を先に訳すと内容がとりやすくなる。
》they = the movies (made by Bollywood)。more people の後に than Hollywood を補って読む。

***2** The name Bollywood comes from combining "Bombay", the old name for Mumbai, and "Hollywood."
》"come from ~" は「（言葉などが）〜に由来する」という意味。
》"combine **A** and **B**"「**A** と **B** を組み合わせる」。ここでは **A** = "Bombay", the old name for Mumbai, **B** = "Hollywood" である。
》"the old name for Mumbai" は Bombay と同格で、補足説明となっている。「ムンバイの旧名であるボンベイ」と訳す。

***3** most of the people who watch them are Hindi speakers living in India and other South Asian countries.
》文構造は次の通り。

DAY 5

```
                      形容詞節                        形容詞句
                      (関係代名詞節)                   (現在分詞句)
most of the people (who watch them) are Hindi speakers (living in India and other South Asian
                 S                V                O
countries)
```

"who watch them" は the people を修飾する関係代名詞節。"living in . . . countries" は Hindi speakers を修飾する現在分詞節。

*4 It is said that the Nollywood movie business is the second biggest employer in Nigeria after the government.
» "It is said that SV"「S は V だと言われている」。
» "the second[third / fourth]＋最上級(~)"「2番目[3番目/4番目]に~な」という意味の表現。「二番目に大きな雇用主」と訳す。after ~「~の次に，~に次いで」。

*5 Unlike Hollywood and Bollywood movies, which sell millions of tickets to moviegoers each year, Nollywood movies are mostly made for home video.
» unlike は「~とは違って」という意味の前置詞。"Unlike . . . year" までが前置詞句（副詞句）の範囲。

```
副詞句                                形容詞節
                                    (関係代名詞節)
⟨Unlike Hollywood and Bollywood movies, (which sell millions of tickets to moviegoers each year),⟩
                           副詞      副詞句
Nollywood movies are ⟨mostly⟩ made ⟨for home video⟩.
        S           V              C
```

". . . , which sell ~" は "Hollywood and Bollywood movies" を修飾する非制限用法の関係代名詞節。Hollywood and Bollywood movies の補足説明となっている。

*6 People are happy to see actors from their own country in these movies.
» "to see ~" は，happy という**感情を表す形容詞**を修飾する副詞的用法の不定詞で，「感情の原因」を表す。「~して」などと訳し，ここでは「~を見て喜ぶ」などとなる。"from their own country" の from は「出身」を表し，actors を修飾する。「自分の国の出身である俳優」などとなる。

*7 Hundreds of original African movies are being made every year, and their popularity is slowly growing in countries outside Africa.
» hundreds[thousands / millions / billions] of ~ で「数百[数千/数百万/数十億]もの~」という意味になる。通常，200 は two hundred，3,000 は three thousand のように数字の単位を複数形にはしないが，この表現では hundreds / thousands / millions / billions のように複数形にする点に注意。
» 前半の述部が "are being made" と現在進行形の受動態になっている。"every year" があっても "are made" とはなっていないので，「毎年制作されている」ではなく，「毎年制作されるようになってきている」のように「変化」を意識して訳す。動作動詞の現在(単純)形は「日常的に行われていること」を表すが，それは「これまでもずっと行ってきたことであり，これからも行うであろうこと」を表す点に注意。たとえ，「毎日行っていること」でも，それが「最近始めたこと」とか，「一時的なこと」であれば，現在進行形で表す。
I **am practicing** badminton **every day** because the selection is coming soon.
「選抜が迫っているので，私はバドミントンの練習を毎日やっている」
この文は，ふだんは「毎日」は練習していないが，「今」は選抜が近いので「毎日」練習していることを表している。

DAY 6 | スキルの有無と収入格差

正解

設問レベル1 **問1** 「金持ちはより豊かに,そして貧乏人はより貧しく」というのは本当である。 **問2** 高卒より大卒の方が稼ぎが良くその差は大きくなっているから。 **問3** ②
問4 どちらの説明もなぜ,技術を持たない労働者に対する需要と比べ,技術を持つ労働者に対する需要が徐々に高まっているかを説明している。 **問5** ③ **問6** ①-F ②-T ③-F ④-F ⑤-T ⑥-F **問7** (6)-① (7)-④
設問レベル2 (a)-⑥ (b)-④ (c)-③ (d)-① (e)-⑤ (f)-②

解き方

問1 「正解」参照 itが指すものは直前の "this one" である。this one の one は直前の saying を指している。したがって,it が指すものは冒頭の格言となる。また has been の直後に省略されているのは直前に出ている形容詞の true である。

ポイント

it と one
» it は「特定の名詞」を受け,one は「不特定の可算名詞」を受ける。
I like this pen because my girl friend gave **it** to me. 「ぼくはこのペンが気に入っているが,それはガールフレンドが**それ**をぼくにくれたからだ」
"it" は this pen を指し,私がお気に入りのペンのことである。
I lost my pen. I have to buy **one**. 「私はペンをなくしてしまった。**1本(ペンを)**買わなければならない」
"one" が表しているものは a pen で,「ペンならどんなものでも良いから1本」という意味である。
one は本問の this one ように前出の可算名詞の代わりに用いられる場合もある。
This color looks like **that one**. 「この色は**あの色**に似ている」
この場合,"one" が表しているのは a color ではなく color である。

問2 「正解」参照 下線部は「学校教育にとどまる経済的な動機づけは今日が今までで一番大きい」という訳で,「学校教育にとどまる」というのは,高卒で働くのではなく,大学まで進学することだと考えられる。設問の直前には「大卒と高卒の収入格差が広がっており,大卒の方が稼ぎが良い」という内容が書かれており,これが下線部の理由にあたるので,この部分をまとめる。

問3 ② plentiful は「豊富な」という意味であり,選択肢はそれぞれ,scarce「乏しい」,abundant「豊富な」,indispensable「不可欠な」,consistent「矛盾しない」という意味である。

問4 「正解」参照 "why ~ unskilled labor" までが名詞節で,explain の目的語となっている。そ

の why から始まる節の中に "when ~ unskilled labor" という副詞節が入り込んでいる。接続詞 when の直後の compared の意味上の主語は why から始まる節の主語 "the demand for skilled labor"「スキルを持つ労働者に対する需要」である。これをわざわざ訳出する必要はないが，何が省略されているかは見抜くべきである。ちなみに，"when compared with the demand for unskilled labor" の部分は「スキルを持たない労働者に対する需要と比べ」と訳せば良い。

問5 ③ responsibility の直後には前置詞 for や of が用いられる。関連表現として "take responsibility for ~"「~の責任を負う」も押さえておくと良い。

問6 ①-F ②-T ③-F ④-F ⑤-T ⑥-F ①は ll.11～15 (For . . . 1995) と合致せず。②は ll.15～19 (Because . . . falls) と合致。③本文に記述なし。④本文に記述なし。⑤選択肢の前半は l.9 の "No one knows for sure" と合致し，後半は ll.31～34 (It . . . decades) と合致。⑥本文に記述なし。

① 1995年，アメリカへの輸入やアメリカからの輸出は1970年の2倍以上であった。
② 国際貿易が活発になるとアメリカ国内で unskilled labor に対する需要が減るのは海外の安い unskilled labor を利用するためである。
③ high-skilled workers と low-skilled workers の収入格差を埋める政策を見つけることは難しいとアメリカの経済学者たちは考えている。
④ 科学技術の進歩により，人々はかつてよりも多様な技術を習得できている。
⑤ 収入格差増大の本当の理由ははっきりしていない部分もあるが，国際取引の増加と科学技術の変化によるものであるかもしれない。
⑥ 過去20年間，発展途上国は unskilled workers をたくさん先進国に向けて輸出してきた。

問7

(6)-① earn [ə́ːrn]「稼ぐ」
① guard [gɑ́ːrd]「保護する」
② birth [bə́ːrθ]「誕生」
③ burden [bə́ːrdn]「重荷」
④ journey [dʒə́ːrni]「旅行」

(7)-④ trade [tréɪd]「貿易・通商」
① angel [éɪndʒəl]「天使」
② chaos [kéɪɑːs]「無秩序」
③ stadium [stéɪdɪəm]「競技場」
④ angle [ǽŋgl]「角度」

DAY 6

読み下し訳　≫完全和訳文は別 p.13 参照。

❶ "The rich get richer, and the poor get poorer." Like many sayings, this one
／金持ちは　　／より金持ちになる，　／そして／貧乏人は　／より貧乏になる。／多くのことわざのように，　／このことわざは

is not always true, but recently it has been. Many studies in the United States
／必ずしも本当でない，　／しかし／近年　／(本当)である。／多くの調査（アメリカの）は

have documented that the earnings gap between high-skilled and low-skilled workers
／立証している　　　［〜ということを　／収入格差（スキルの高い労働者と低い労働者の間の）は

has increased over the past two decades. Figures show that in 1976, college graduates
／広がっている　　／過去20年に渡って。　／数字が　／示していること／1976年には　／大卒者は

earned on average 55 percent more than high school graduates; in 1994, they earned
／稼いだ　　／平均で55％多く　　　　　／高卒者より。　　　／それに対して1994年には／大卒者は／稼いだ

84 percent more. The economic incentive to stay in school is as great today as it
／84％多く。　　／経済的な動機づけ（残るための／学校に）は　／同じくらい大きい　／今日では　／と比べて　／それが

has ever been.
／これまでにあったどの時点での状態〉。

❷ Why has the gap in earnings between skilled and unskilled workers risen in recent years?
／なぜ　／〜か／収入における格差（スキルのある労働者とない労働者の間の）　が　／広がった　／近年？

No one knows for sure, but economists have proposed two explanations.
／誰にも／わからない　／はっきりとは，　／しかし／経済学者らは　／出している　／二つの解釈を。

Their first explanation is that international trade has altered
／彼らの第一の解釈は　　／〜ということである／国際貿易が　／変えた

the relative demand for skilled and unskilled labor.
／相対的な需要（スキルのある労働者とそうでない労働者の）を］。

For example, imports into the United States have risen
／たとえば，　／輸入（アメリカへの）は　／増えている

from 5 percent of total U.S. production in 1970 to 13 percent in 1995.
／5％（アメリカの全生産高（1970年）の）から　／13％（1995年の）へ。

Exports from the United States have risen from 6 percent of total U.S. production in 1970
／輸出（アメリカからの）は　／増えている　／6％（アメリカの全生産高（1970年）の）から

to 11 percent in 1995. Because unskilled labor is plentiful and cheap
／11％（1995年の）へ。　／〜なので　／スキルのない労働力は　／豊富で安価である

in many foreign countries, the United States tends to import goods produced
／多くの外国の国々で，）　／アメリカは　／輸入する傾向がある　／商品を（生産された

with unskilled labor and export goods produced with skilled labor. Thus, when
／スキルのない労働力を使って）　／そして／輸出する〈傾向がある〉／商品を（生産された／スキルのある労働力を使って）。／したがって，／〜するとき

109

DAY 6

international trade expands, the domestic demand for skilled labor rises, while
/国際貿易が　　　/拡大する、)/国内需要（スキルのある労働力に対する）は　　　/高まり,/一方で、

the domestic demand for unskilled labor falls.
/国内需要（スキルのない労働力）は　　　　　/低くなる。

❸ The second explanation is that changes in technology have altered
　二つ目の解釈は　　　/〜ということである [変化（科学技術）は /変えてしまった

the relative demand for skilled and unskilled labor. Consider, for instance,
/相対的な需要（スキルのある労働力とそうでない労働力に対する）を]。 考えてほしい, /たとえば,

the introduction of computers. Computers raise the demand for skilled workers who can use
/コンピューターの導入について。　　/コンピューターは/高める/需要（スキルのある労働者の）を　（彼らは /使える

the new machines and reduce the demand for unskilled workers whose jobs are replaced
/この新しい機械を）　/そして/減らす　/需要（スキルのない労働者の）を　　（彼らの仕事は /取って代わられる

by the computers. For example, many companies now rely more on databases, and less
/コンピューターによって）。たとえば,　　/多くの企業が　　/今ではより頼っている/データベースのほうに,　/そして/より頼っていない

on filing cabinets. This change raises the demand for computer programmers and reduces
/書類整理棚には。　　この変化は　/高める /需要（コンピュータープログラマーに対する）を　　/そして/減らす

the demand for filing clerks.
/需要（書類棚の整理係に対する）を。

❹ Both explanations try to explain why the demand for skilled labor has risen over time
　どちらの解釈も　　/説明しようとしている　[なぜ〜のかを/需要（スキルのある労働力に対する）が　/高まった　/徐々に

when compared with the demand for unskilled labor. However, economists have found
〈比べた場合に　需要（スキルのない労働力に対する）と)]。　しかし,　　/経済学者らは　/わかっている

it difficult to measure the strength of these two explanations. It is possible, of course,
/それ(=to以下の内容)は /困難である /ということが /計ることは /説得力（これら二つの解釈）を。　　/可能性はある, /もちろん,

that both are true. Increasing international trade and technological change may share
[〜と /両方 /真実いう /とも /である]。　増える国際貿易と科学技術の変化が　　　　　　　　　　　/共に担っているのかもしれない

responsibility for the increasing inequality we have observed in recent decades.
/責任（高まる不平等に対する）を　　　　　　（その不平等を /見てきた　/ここ数十年の間に)。
　　　　　　　　　　　　　　　　　　　　　私たちは

構文解説

＊1 The economic incentive to stay in school is as great today as it has ever been.

》 "as ＋ **原級**(~) ＋ as ever" は「どの時点と比べても同じくらい〜」ということから，ふつう「相変わらず〜」という意味だが（例：as beautiful as ever「相変わらず美しい」），ここでは "as great today as it has ever been" となっており，「これまで it [＝ the economic incentive to stay in school] があったどの状態と比べても劣らないくらい今日では great である」ということから，「かつてないほど great である」という解釈になる。これは "the greatest today" に意味が近いが，あくまで great を強調する表現であって，最上級とは意味合いが異なる。

DAY 6

＊2 Because unskilled labor is plentiful and cheap in many foreign countries, the United States tends to import goods produced with unskilled labor and export goods produced with skilled labor.

≫ 文構造は次の通り。

〈Because <u>unskilled labor</u> <u>is</u> <u>plentiful and cheap</u> 〈in many foreign countries〉,〉
　　　　　　S′　　　　　 V′　　C′　　　　　　　　　　副詞句
　　　　　　副詞節

<u>the United States</u> <u>tends to import</u> <u>goods (produced with unskilled labor)</u>
　　　S　　　　　　　　V₁　　　　　　　　　　O₁　　　形容詞句
　　　　　　　　and
　　　　　　　<u>export</u> <u>goods (produced with skilled labor)</u>.
　　　　　　　　V₂　　　O₂　　形容詞句

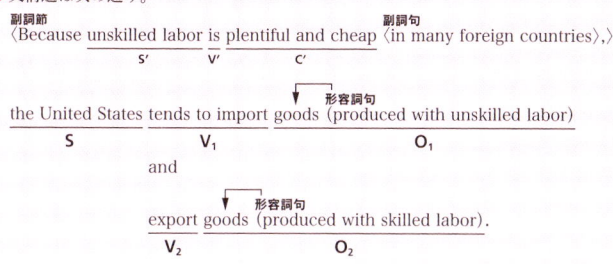

Because 節の中の and は plentiful と cheap をつないでいる。主節の and は import と export をつなぎ，import と export それぞれの直後にある goods を過去分詞 produced が後置修飾している。

＊3 Computers raise the demand for skilled workers who can use the new machines and reduce the demand for unskilled workers whose jobs are replaced by the computers.

≫ 文構造は次の通り。

<u>Computers</u> <u>raise</u> <u>the demand ... the new machines</u>
　　S　　　　V₁　　　　　　　O₁
　　　　and <u>reduce</u> <u>the demand ... the computers</u>.
　　　　　　　V₂　　　　　　O₂

≫ who の先行詞は skilled workers，whose の先行詞は unskilled workers である。

＊4 Increasing international trade and technological change may share responsibility for the increasing inequality we have observed in recent decades.

≫ 文構造は次の通り。

<u>Increasing international trade and technological change</u> <u>may share</u>
　　　　　　　　　　S　　　　　　　　　　　　　　　　　V

<u>responsibility</u> (for the increasing inequality (we have observed in recent decades)).
　　O　　　　　　形容詞句　　　　　　　　形容詞節（接触節）

S の Increasing は現在分詞で international trade を修飾し「増える国際貿易」という意味である。動名詞で「国際貿易を増やすこと」ととらないように注意したい。動名詞でとってしまうと，technological change に続かない（「技術変化を増やす」というのは意味不明）。S は "Increasing international trade" と "technological change" が並列関係になっているため「増える国際貿易」と「科学技術の変化」ということである。
inequality の直前にある increasing も現在分詞である（こちらは定冠詞 the があるので分かりやすい）。また，文末の "we have ~ decades" は inequality を修飾している（inequality と we の間に目的格の関係代名詞 that を補うことが可能）。

DAY 7 | 英国のサッカーの歴史

正解

設問レベル1 問1 (1) まもなく地元の実業家がサッカーや他のスポーツを従業員の娯楽活動として組織化した。 (2) 観客数の減少によって，クラブの経営者は試合を地元からの応援の場としてより，華々しい技術を見せる場とすることが多くなった。 (3) 英国のサッカーは19世紀に初めて行われた試合から，ほぼ見分けのつかない状態にまで変化してきた。 問2 ④ 問3 (4)-③ (5)-①
設問レベル2 (a)-③ (b)-④ (c)-⑧ (d)-① (e)-⑨ (f)-⑩ (g)-⑦ (h)-⑥ (i)-⑤ (j)-②

解き方

問1

(1) 「正解」参照 it was not long before + S + V(~)「まもなく~した」。as recreational activities「娯楽活動として」。

(2) 「正解」参照 S + lead + O + to do(~) は「SはOを~する気にさせる」と言う意味の表現だが，主語が The decrease in the number of spectators「観客の数の低下」という「無生物主語」なので，主語を副詞的に「SによってOは~する」と訳すと読みやすい日本語になる。make(V) + the games(O) + less occasions ... and more displays(C) の文構造の読み取りも重要。make + O + C「OをCにする」。less occasions は「機会が少ない」，more displays of ~ は動詞的に「~を示すことが多い」と考えるとよい。

ポイント

名詞構文

» 動詞や形容詞を名詞化して文に組み込んだ箇所を「**名詞構文**」という。内容がとりづらい場合や和訳する際，

❶ 名詞を動詞(V)や補語(C)に置き換えて，
❷ 名詞の前後は，意味関係を考えながら主語(S)「~は」，目的語(O)「~を」，修飾語(M)「~に」などに置き換えて，

考えてみよう。

(a) The **explanation of this** was difficult to me.
→ The explanation of this「これの説明」を <u>explain</u> <u>this</u>「これを説明する」と置き換えて，「**これを説明するのは私には難しかった**」と訳す。
           V O

(b) I was disappointed at **Brenda's absence from the party**.
→ Brenda's absence from the party「ブレンダのパーティーでの不在」を
<u>Brenda</u> <u>was</u> <u>absent</u> <u>from the party</u>「ブレンダはパーティーにいなかった」
 S V C M
と置き換えて，「**ブレンダがパーティーにいなかったので私はがっかりした**」と訳す。

(3) 「正解」参照　beyond recognition「見分けのつかないほどに」，almost は「ほとんど」という意味の副詞で almost beyond recognition 全体で副詞句として has changed を修飾している。the game that was first played in ~ 「~に行われていた試合」。that は the game を修飾する関係代名詞。

> **ポイント**
>
> **beyond**
> ≫前置詞 beyond の基本的意味は「~を超えて」だが，beyond の直後に「**人のすること**」や「**人**」を表す名詞・代名詞を置くと「人のすることができる範囲を超えて」ということから「~**できないほど**」という意味になる。熟語的に表現をマスターしていこう。
> You are beautiful **beyond description**. 「あなたは**言葉では表せないほど美しい**」
> The old man said that the existence of the Lock Ness Monster was **beyond doubt**. 「老人は，ネス湖の恐竜が実在することは**疑う余地のない**ことだと言った」
> This math problem is **beyond me**. 「この数学の問題は**私の手に負えない**」

問2　④　数字・固有名詞・他の選択肢に出てこない言葉に着目して対応箇所を探すのがコツ。
① *ll*.33 ~ 37 (British . . . side) と合致する。
② *ll*.2 ~ 6 (In . . . leaders) と合致する。
③ *ll*.22 ~ 24 (Because . . . clubs) と合致する。
④ *ll*.24 ~ 27 (By . . . streets) と合致しない。本文には「サポーターとクラブの間の溝」と述べているが，「地元のサッカーファンと遠来のファンとの間に対立」とは述べていない。

問3
(4) - ③　earn [ə́ːrn]「稼ぐ」
① earnest [ə́ːrnɪst]「熱心な」
② heard [hə́ːrd]　hear の過去分詞
③ heart [hάːrt]「心」
④ early [ə́ːrli]「早く」
(5) - ①　decrease [dìkríːs, dɪkríːs]「減少」
① disease [dɪzíːz]「病気」
② increase [ínkriːs, ɪnkríːs]「増加」
③ cease [síːs]「止まる」
④ purpose [pə́ːrpəs]「目的」

> **読み下し訳**　≫完全和訳文は**別** p.15 参照。

❶ Britain was the first country to organize sport as a national activity.
　イギリスは／最初の国だった　　　　　　　　（組織化した　／スポーツ／国家活動として）。

　In the second half of the nineteenth century, it　organized and exported a number of games,
　19世紀の後半に　　　　　　　　　　　　　／それは／組織化して輸出した　　　　／いくつものゲームを

notably football (soccer), rugby, hockey, lawn tennis, golf and cricket.

The initial purpose behind organized sport was to provide activities for students at public schools. Such sport was generally believed to have character-building qualities for future leaders. But it was not long before local businessmen began to organize football and other sports as recreational activities for employees. Football clubs quickly appeared in towns and cities all over Britain, and football soon became a part of working-class culture. The Saturday afternoon match was an occasion which working-class men would attend, supporting their local team.

❷ By the 1970s, however, the character of football had clearly changed. One primary reason was financial. As *1 other European countries began to surpass Britain in football, match attendance in Britain started to decline. The decrease in the number of spectators led club managers to make the games less occasions for local support and more displays of spectacular skill. The clubs were forced to seek sponsorship from businesses and begin advertising. They soon started buying and selling players for large sums of money. *2 While in the 1960s most football heroes remained in their local communities, from the 1970s, many football stars — now earning very high salaries — moved into expensive suburbs. Because most members of the teams were no longer genuinely local people, supporters became primarily consumers, with no involvement in the clubs. *3 By the 1980s,

the growing gap between supporters and clubs had led to violence,
/大きくなる溝（サポーターらとクラブの間の）は　　　　/暴力を引き起こしていて，

with some supporters showing their loyalty by invading playing fields and taking control of
/一部のサポーターらが示していた　/自分たちの忠誠心を　/侵入することによって　/競技場に　/そして /占拠することによって

surrounding streets.
/周辺の通りを。

❸ Over the last twenty years, football in Britain has changed almost beyond recognition
過去20年で，　　　/イギリスのサッカーは　/変わってしまった　/ほとんど見る影もないくらいに

from the game that was first played in the nineteenth century. *4 Clubs are now primarily run
/あの試合とは　（その試合は）/初めて行われた　/19世紀に）。　　　/クラブは /今では主に運営されており

as businesses, selling the rights to have their games televised and trading players
/ビジネスとして，/売っている /権利（試合をテレビ放送させるための）を　　/そして /トレードしている /選手を

for ever greater sums of money. Famous players such as David Beckham earn as much money
/一層高い金額で。　　　　　/有名な選手たち（デビド・ベッカムなどの）は　　/稼いで いる /同じくらいのお金を

as movie and pop stars. British football has also become a more international game,
/映画やポップスのスターたちと比べて。　　/イギリスのサッカーは　/より国際的な試合にもなり，

with many teams being represented by players from other European countries, and
/多くのチームが代表選手を務められている　　/選手たち（他のヨーロッパの国々出身の）によって　　　/そして

even from Africa and Japan. *5 But whatever changes have occurred, one thing
/さらにはアフリカや日本出身の〈選手たちによって〉。　/しかし /どんな変化が　/（これまでに）起こっていても，　/一つのことは

remains constant: many British children dream of playing one day for their local side.
/変わらない。すなわち，/多くのイギリスの子供たちが　/夢見ていることは /プレーすることを　/いつか /自分の地元のために。

構文解説

*1 As other European countries began to surpass Britain in football, match attendance in Britain started to decline.
》このas節は「〜につれて」という意味。比較級や変化・移動を表す動詞がas節を含む文で述べられている場合，asはこの意味になりやすい。

*2 While in the 1960s most football heroes remained in their local communities, from the 1970s, many football stars — now earning very high salaries — moved into expensive suburbs.
》このwhile節は「〜に対して」という意味で，「対比」を表す。すなわち「1960年代」と「1970年代以降」とを対比している。「対比」を表すwhile節は文頭に置かれるのがふつう。文構造は次の通り。

　　副詞句　　副詞句　　　　　　　　　　　　　副詞句
〈While 〈in the 1960s〉 most football heroes remained 〈in their local communities〉,〉
　　　　　　　　　　　　S'　　　　　　　　V'

　副詞句　　　　　　　　　　　　　副詞句（分詞構文）
〈from the 1970s,〉 many football stars 〈— now earning very high salaries —〉
　　　　　　　　　　　　　　S

　　　　副詞句
moved 〈into expensive suburbs〉.
V

主節は"many football stars"が主語，"moved"が動詞。"— now earning very high salaries —"はmany football starsを補足説明する分詞構文。「今では高い給料を稼いでいる」という内容と「郊外の高級住宅地へ引っ越した」という内容からわかるように，この分詞構文は「理由」で解釈すると自然な流れになる。

*3 By the 1980s, the growing gap between supporters and clubs had led to violence, with some supporters showing their loyalty by invading playing fields and taking control of surrounding streets.

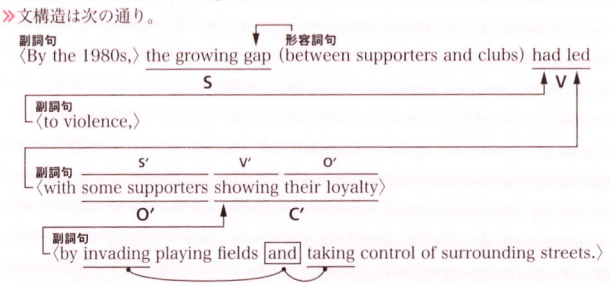

≫文構造は次の通り。

```
        副詞句                              形容詞句
       〈By the 1980s,〉 the growing gap (between supporters and clubs) had led
                             S                                          V
        副詞句
       〈to violence,〉
        副詞句        S'           V'             O'
       〈with some supporters showing their loyalty〉
                      O'                C'
        副詞句
       〈by invading playing fields and taking control of surrounding streets.〉
```

原因＋lead to ＋結果「原因によって結果になる」。"with some supporters showing~"のwithは**付帯状況のwith**と呼ばれ，with ＋ O ＋ Cの形になる。このOの位置に名詞，Cの位置に現在分詞，過去分詞，形容詞などがあり，名詞との間に**主語と述語の関係**がある場合に付帯状況を表すと考えよう。Cが現在分詞の場合は「OがCしながら」などと訳出できる。invading ~ と taking control of ~ は動名詞でbyの目的語，playingも動名詞だが，形容詞的に働いて名詞 fieldsを修飾している。sleeping bag「寝袋（寝るための袋）」のsleepingと同じ構造。surroundingは現在分詞由来の形容詞でstreetsを修飾している。

*4 Clubs are now primarily run as businesses, selling the rights to have their games televised and trading players for ever greater sums of money.

≫selling と trading は付帯状況を表す分詞構文。主節の後ろに置くカンマつきの分詞構文は原則，"and (they) sell ~ and trade ..."のように置き換えて，頭から訳し下すとよい。
≫to have their games televisedの不定詞句は the rightsを修飾する形容詞的用法。have their games televisedは使役動詞have ＋ O ＋ done(~)の構造で「Oを~させる」と訳す。「Oが~される」という受動の関係がある。ちなみに，have ＋ O ＋ do(~) は「Oに~させる」で，「Oが~する」という能動の関係がある。

*5 But whatever changes have occurred, one thing remains constant: many British children dream of playing one day for their local side.

≫whatever ＋**名詞**＋(S)＋V(~)は，「どんな**名詞**が[を]~だとしても」。whateverは形容詞として名詞を修飾している。
≫コロン (:) は直前の語句を具体的に説明したり，言い換えたりする際に用いる。本問では one thing の具体的な説明として many British children dream of ~ と述べている。

DAY 8

DAY 8 | 移民の子が二つの国の文化に精通する難しさ

正解

設問レベル1 **問1** 二つの文化に精通するように子供を育てる決断は，家庭や家庭の外で彼らに二つの言語を学ばせる決断ほど単純ではない。 **問2** ③ **問3** ② **問4** 親は，他人からの助けや社会の援助なしに子供に二つ目の文化を教えることはできない。 **問5** Given the great difficulties and challenges explained **問6** ㋑ **問7** ② **問8** (6) - ③ (7) - ④
設問レベル2 (a) - ④ (b) - ⑤ (c) - ① (d) - ⑥ (e) - ③ (f) - ⑦ (g) - ②

解き方

問1 「正解」参照 和訳では必ず SV を見つけることから始める。本問では，S は "the decision"，V は "is" である。the decision の直後の to 不定詞は形容詞的用法で，"to bring up ~ two cultures" は the decision を修飾している。"to bring up ~ two cultures" の部分には「目的」を表す so that が使われている。すると，ここまでは「子供たちが二つの文化に精通するように(彼らを)育てる決断」となる。次に as simple as の直後を見ると，"the decision to let ~" とまた形容詞的用法の to 不定詞がある。"to let them ~ outside the home" は the decision を修飾し，"let + O + do(~)" は「O に~させる」という意味であるから，as simple as の後ろは「家庭や家庭の外で，彼ら(子供たち)に二つの言語を学ばせる決断」と訳せる。下線部全体では，前者の決断は後者の決断ほど simple ではないという意味になる。

問2 ③ 空所の直前にある代名詞 "it" は "a language" を指しており，言語は「話される」ので過去分詞形 spoken が正解となる。

ポイント

have + O + do と have + O + done

» have には ❶ have + O + do(~)「(指示・依頼などをして)O に~させる」という用法と，❷ have + O + done(~) (a)「(指示・依頼などをして)O を~させる，してもらう」，(b)「(主に「被害」を表して)O を~される」という用法がある。
  ❶ I'll **have** him **call** you when he gets back.「彼が戻ってきたら，あなたに電話をかけさせます」
  ❷ (a) I **had** my car **serviced** last week.「私は先週，車を点検整備してもらった」
    (b) I **had** my passport **stolen**.「私はパスポートを盗まれた」

問3 ② 空所に入る関係詞を選ばせる問題なので，空所の直後に注目すると，空所の直後が完全文であるから，空所には「前置詞+関係代名詞」か「関係副詞」が入る。しかし，関係代名詞 that は前置詞がつく④のような使い方はしない。③の that は，関係副詞 that と考えた場合，先行詞は place などに限られ，situation では用いないし，「同格」の接続詞 that と考えた場合も，situation

DAY 8

は「同格」の that は従えないので，正解とならない。②where が適切となる。なお，situaton「状況，立場」はこのように関係副詞 where を従えることがよくあることを覚えておこう。

> **ポイント**
>
> **空所に関係詞を入れる問題**
> ≫ 問 3 のように空所に関係詞を入れる問題は空所の直後に注目する。
> ❶ Look at the house (　　　) I live in.
> ❷ Look at the house (　　　) I live.
> ❶のように**空所の後ろが不完全文**（in の直後に名詞が欠けている）の場合，空所には**関係代名詞**が必要なため，この場合は which か that を空所に入れる。
> ❷のように**空所の後ろが完全文**の場合，空所には「**前置詞＋関係代名詞**」もしくは「**関係副詞**」が必要なため，この場合は in which か where を空所に入れる。

問4　「正解」参照　最初の they は parents，teach の直後の them は their children を指している。また，下線部には not と without という否定を表す語が二つ使われている。これは「二重否定」と呼ばれ，強い肯定の意味を表すことができる。下線部を直訳すると「親は，他人からの助けや社会の援助なしに子供に二つ目の文化を教えることはできない」となるが，二重否定は強い肯定を表すので「親が子供に二つ目の文化を教えるには，他人からの助けや社会の援助が必ず必要だ」としても良い。

問5　Given the great difficulties and challenges explained　前置詞的な働きをする given がこの問題のポイントの一つである。文頭に置かれ，「〜を考慮すると」または「〜があったら」という意味になる（本問は前者で，considering と同義）。また，設問では「上記で説明された困難や課題」となっているので，「説明された」という意味の過去分詞 explained は difficulties and challenges の直後に置かれ，"difficulties and challenges explained above" とするのが適切。

問6　(イ)　脱文の意味は大まかに「（移民先の）新しい国の社会に溶け込んだ親はその国で生まれた子供に祖国の文化を伝える必要はないと感じている」であり，出だしが "For example" で始まっているので，この文は具体例だと分かる。移民の親が子供に祖国の文化を伝えない話は第2段落でなされており，この時点で正解は(イ)，(ウ)の2択となる。次に，(イ)の前文 "Some immigrant parents 〜" と，(ウ)の前文 "Others may feel 〜" を読み，選択肢がどちらの文の具体例としてふさわしいかを見ると，「祖国の文化を子供に伝えない親」の話は(イ)の前文でなされているので，その具体例として(イ)に脱文を入れると一番自然な流れとなる。

問7　②　①は選択肢の because 以下は本文に記述なし。②は ll.8〜9（they . . . society）や，l.11 の "This is because 〜" で始まる文の内容と合致。③選択肢後半は本文に記述なし。④本文に記述なし。
①　全ての移民の親が子供に祖国の文化や言語を教えるとは限らないのは，それらを学びたくないという子供の意思を尊重しているからである。

② 同じ文化背景を共有する人々の助けなしでは，移民の親は祖国の文化を子供に教えることはできないかもしれない。
③ 移民の子供はより多くの時間を家の外で過ごすようになるにつれて，親の祖国の文化を学ぶことに対してあまり興味を持たなくなる。
④ たとえ（移民先の）新しい国で生まれたとしても，移民の親に育てられた子供はその新しい国の社会に十分溶け込むには苦労する。

問8

(6) - ③ motivate [móutəvèit]「動機を与える」
① most [móust]「最も多くの」
② local [lóukl]「地元の」
③ oven [ʌ́vn]「オーブン」
④ both [bóuθ]「両方の」

(7) - ④ family [fǽməli]「家族」
① challenge [tʃǽlindʒ]「挑戦・課題・難問」
② pattern [pǽtərn]「型」
③ language [lǽŋgwidʒ]「言語」
④ conversation [kɑ̀:nvərséiʃən]「会話」

読み下し訳　≫完全和訳文は別 p.17 参照。

❶ For immigrant parents, the decision to bring up children so that they are familiar
／移民の親にとって，／決断　（育てようという／子供を　〈〜ために〉／子供が／精通している

with two cultures is not as simple as the decision to let them learn two languages at home or
／二つの文化に〉）は／同じくらい単純だというわけではない／決断　／子供に学ばせようという　／二つの言語を　／家庭で／あるいは

outside the home.
／家庭の外で）と比べて。

Children can learn a language simply by having it spoken to them and being in a situation
／子供は／学べる／一言語を／単にそれを話しかけてもらうことによって／子供に対して／そして／ある状況にいることによって

where they are motivated to use the language for communication. However, it
（その状況では，／子供は／使おうという気になっている／その言語を／意思疎通のために。／しかしながら，／それ（＝to以下の内容）は

is much more difficult for children to learn about a culture in the same natural way. While
／はるかに難しい／子供にとって／学ぶことは／文化について／それと同じように自然な方法で。／〜であるが

it is possible for parents to teach their children a second language, they
／それ（＝for以下の内容）は／可能である／親たちが／教えることは／子供に／第二言語を。／親は

will not be able to teach them about a second culture
／教えられないだろう／子供に／第二文化について

DAY 8

without help from others and the support of society.
/他者からの助けと社会の支援なしで。

❷ Some immigrant parents may not even try to teach their home culture and native language
/一部の移民の親は /教えようとすらしないかもしれない /自分たちの祖国の文化と母語を

to their children. For example, parents who have become integrated
/自分の子供に。 たとえば, /親 (彼らは) /溶け込んでいる

into the new country's society may feel that there is no need to pass on their home culture
/(新しい国の社会に)は /感じるかもしれない [〜と /伝える必要はない /自分の祖国の文化を

to their children who were born in the new country. This is because the challenges *1
/自分の子供に (その子/生まれた /その新しい国で)]。 これは〜だからだ [この難題が

may just be too great, especially if the family has little or no contact with others who
/とにかく大きすぎるかもしれない]。 /特に〜の場合 〈その家族が /持っていない /他の人たちとの接触を ほとんどあるいはまったく (この他の人たちは

share the immigrant parents' background. Others may feel that it is more important
/同じもの(=経歴)を持っている /その移民の親の経歴と)〉。 /それとは別の親は /感じるかもしれない [〜と /それ(= to 以下の内容)が /より大切である

for their children to be fully integrated into the new country's society. But there are still *2
/自分の子供にとって /完全に溶け込むことのほうが /新しい国の社会に]。 /しかし/依然として存在する

immigrant parents who believe that it is very important that their children know
/移民の親が (彼らは /考えている [〜と /それ(= that 以下の内容)が /とても大切だ [という ことが /自分の子供が /知っている

about their parents' home country, culture, and language.
/自分の親の祖国, 文化そして言語について]])。

❸ For families in which both parents come from the same country and speak
/家庭にとって (その家庭では /両親ともに /出身である /同じ国の /そして /話す

the same native language, the situation is somewhat easier. Nonetheless, children still have
/同じ母語を), /状況は /いくぶん楽である。 /とは言え, /子供は /依然として持っている

contact with the society in which they live through activities outside the home. As a result, *3
/社会との接触を (その社会に /子供は/生きている /活動 (家庭の外での) を通して。 /その結果,

the competition between the parents' native culture and language and
/せめぎ合い (〜の間の [親の祖国の文化と言語] と

the new culture and language grows as the children get older and become more involved
[新しい文化と言語]) は /増大する 〈〜につれて/子供が /成長していき /そして /より関わるようになる

in the outside world.
/外の世界に)。

❹ Given the great difficulties and challenges explained above, immigrant parents who
〈考慮すると /大きな困難と課題を (上記で説明された),〉 /移民の親 (彼らは

want to teach their children about a second culture should think carefully
/教えたい /子供に /第二の文化について) は /慎重に考えるべきだ

about the best way to proceed. This is especially true if these parents want their children
/最善の進め方について。 /これは /特に当てはまる 〈〜の場合 /こういった親が /求めている /自分の子供が

to feel equally "at home" in both countries.
/等しく『ふるさとだ』と感じることを /両方の国で。

構文解説

*1 This is because the challenges may just be too great, especially if the family has little or no contact with others who share the immigrant parents' background.

» This は前文の内容を指し,"This is because ~."で「これは〜だからである」ということを表す。

» if 節は because 節の中に入り込んでいる。little or no はどちらも contact を修飾し,"has little or no contact"は「ほとんど,もしくは全く,接点を持たない」という意味になる。また,関係代名詞節"who ~ background"は others を修飾している。

*2 But there are still immigrant parents who believe that it is very important that their children know about their parents' home country, culture, and language.

» believe「考えている」の直後にその内容を述べる that 節が続き,その節内にも that 節がある。
　believe [that it is very important [that their children . . .]
"it is very important that ~"の it はこの二つ目の that 以下の内容を指す形式主語である。

*3 As a result, the competition between the parents' native culture and language and the new culture and language grows as the children get older and become more involved in the outside world.

» 文構造は次の通り。
　〈As a result,〉 the competition ~ language   grows 〈as the children . . .〉
　　副詞句　　　　　　　S　　　　　　　　　　V　　　副詞節

the competition には"between A and B"の前置詞句が付いて長い主語になっている。この前置詞句内には and が三つあるが,A = "the parents' native culture and language",B = "the new culture and language"というカタマリになっている点に注意。

» grows の直後にある as は接続詞で「〜するにつれて」という「比例」の意味を表す。

DAY 9 | 魚は痛みやストレスを感じるのか

正解

設問レベル1 問1 私たちの多くは魚や他の一般的に消費されている海の生き物から非常に離れていると感じているので,その肉を食肉と考えることすらない。　問2　(2)-③　(11)-②　(15)-④　問3　(3)-①　(5)-①　(8)-①　(10)-②　(13)-④　問4　(4)-②　(7)-①　問5　(9)-③　(12)-②　問6　②　問7　③　問8　①-T　②-T　③-F　④-T　問9　④

設問レベル2　(a)-⑤　(b)-②　(c)-④　(d)-③　(e)-①

解き方

問1　「正解」参照　Many of us が **S**, feel が **V**, so removed ... that は so ~ that **SV**「非常に~なので **SV**」という構造になっているので,「私たちの多くは…非常に離れていると感じているので」と訳す。consumed は creatures を修飾する過去分詞。other commonly consumed creatures of the sea「他の一般的に消費されている海の生き物」。that 節以下の表現は以下の通り。think of A as B「A を B と考える」, flesh「(魚の)身」meat「(ほ乳類の食用の)肉」。

ポイント

so ~ that

» so ~ that **SV**(...) の so は「それほど」と言う意味の指示語で,「どれほど」なのかを that 節で説明する。「…なほど~」「非常に~なので…」などと訳出できるが,後者で解釈することが多い。
This piano is **so** heavy **that** we need six people to move it.
「このピアノはそれほど重い」→どれほど?→「それを動かすのに6人必要なほど」→「このピアノは動かすのに6人必要**なほど**重い」→「このピアノは**非常に**重いので動かすのに6人必要だ」と考えよう。

» 類似表現に such ~ that **SV** がある。訳し方は so ~ that **SV** と同じ。so は副詞で,形容詞,副詞を修飾して so + **形容詞 / 副詞** + that **SV** となるのに対して, such は形容詞で, such + (**形容詞** +) 名詞 + that **SV** と名詞を修飾する。
This is **such** a heavy piano **that** we need six people to move it.「これは非常に重いピアノなので動かすのに6人必要だ」※不定冠詞 (a / an) の位置に注意。
ただし, many / much + **名詞**の場合は so ~ that を用いる。
There are **so many things** to choose from **that** it's hard to decide.「選択肢がとても多いので,なかなか決められない」
I drank so **much coffee that** I was awake until 6 a.m.「私はコーヒーをとてもたくさん飲んだので午前6時まで起きていた」

» 読解問題では, so, such を見たら that 節が続くことを予測しながら読むと効率的に so ~ that **SV**, such ~ that **SV** を見抜きやすくなる。

問2

(2)-③　直前の文には「魚や海洋生物は自分たちから非常に離れていると感じ,その身を肉と考えない」という趣旨の文があり,空所を含む文には「菜食主義者に『魚しか食べないのか』と尋ねることがよくあるだろう」とあるので,空所を含む文は直前の文に対して例を示していると考える。

したがって③ For instance「例えば」が適切。

(11) - ② 第2段落では「魚や海洋生物は知能や痛みを感じる能力の両方を所有していることを証明している多くの研究がある」と述べた上で，具体的に「魚や海洋生物の知能」を証明する研究を紹介している。続いて，第3段落では「魚や海洋生物は痛みを感じる能力がある」ことを証明する研究が具体的に紹介されている。以上の流れに自然につながるのは，似た情報を追加する際に用いる② Similarly「同様に」である。

(15) - ④ 空所の直前には，第3段落で示した研究の結果，「魚が痛みやストレスを感じている」ということが示されており，空所を含む文では，その結果をきっかけに「モンツァでは小さな鉢に金魚を飼うことが違法」となったと述べられている。以上の流れに自然につながるのは，結果を述べる際に用いる④ Consequently「それ故に」である。

問3

(3) - ① respond by ~「~で答える，応じる」。

(5) - ① 空所の直後が，they were unusual plants と **SV** の構造が続くので接続詞が空所に入り，また「海の生物が変わった植物であった」は事実とは考えられないので①の as if を選ぶ。as if + S + **仮定法過去**(~)「まるで~のように」。

(8) - ① 空所の直後が intelligence and the capacity to feel pain と "A and B" の並びになっているので，選択肢の中でふさわしいのは①の both となる。both A and B で「AとBの両方」。それ以外は，A and B each「AとBそれぞれ」，either A or B「AかBかどちらか」，neither A nor B「AもBも~ない」のように使う。

(10) - ② 選択肢を見るとすべて動詞になっているので動詞の語法を問う問題だと考える。空所の直後を見ると them (**O**) to memorize and adapt となっており，"SVO + to *do*"の語法をとる動詞が正解。allow + **O** + to *do*(~)「**O**が~するのを可能にする」。leave + **O** + to *do*(~)「**O**に~するのを任せる」は，本問では文脈に合わない。

(13) - ④ 選択肢を見ると動詞の doing 形が並んでいる。また，コロン(:)は直前の語句を言い換えたり，具体的に説明する際に用いるので，コロンの直後の内容を読んで正解のヒントをつかむ。コロンの直後には「(痛みを伴う物質を唇に注入された)魚のグループは水槽の小さな石や水槽の壁に唇を擦り付ける」といった内容が書かれてあり，決定的には，次の文で fish feel pain とあるので，「痛みに苦しんでいる」という内容の選択肢④ suffering が適切。

問4

(4) - ② matter は「重要である」という意味の自動詞。意味が最も近いのは②の count。他の選択肢の意味(自動詞)は以下の通り：① last「続く」，③ do「役に立つ」，④ pay「割に合う」。

> **ポイント**
>
> **注意すべき自動詞**
> ≫ matter や選択肢で示した自動詞は特に訳しにくいので下に挙げた英文で覚えておこう。
> Pizza will **do** for lunch.「昼食はピザで**間に合う**だろう」
> The storm **lasted** for two days.「嵐は2日間**続いた**」
> Money really **matters** to me.「お金は私にとって本当に**重要だ**」
> Honesty does not **pay**.「正直は**割に合わない**」
> This plan will **work**.「この計画は**うまくいく**だろう」

(7)-① demonstrating は「〜を証明する」という意味の他動詞(現在分詞)。意味が最も近いのは①の proving。他の選択肢の意味は以下の通り：② saying「と述べる」，③ reflecting「を反映している」，④ causing「を引き起こす」。

問5

(9)-③ what they've experienced just moments before「ほんの少し前に経験したこと」の正確な読み取りがポイント。what は「〜すること」という意味の関係代名詞で，experienced の目的語になっている。また just moments before で「ほんの少し前に」という意味。

(12)-② a rocking motion「体を揺さぶる動き」，the kind of ~「〜のような種類の」の読み取りがポイント。選択肢③と④は kind を「優しい」と誤訳しているので誤り。また①は rocking を「岩に隠れる」と誤訳しているので誤り。動詞 rock は「揺れ動く；揺り動かす」の意で，音楽ジャンルの「ロック」はこの動詞の名詞形。

問6 ② 空所を含む文 But are sea creatures the mindless, unfeeling beings ~「しかし，海の生物は知能がなく感情のない生物なのか」の the mindless, unfeeling beings に自然につなげるには②の many of us assume them to be「我々の多くがそれらを(そうであると)みなす」が適切。assume + O + to be + C「OがCであるとみなす」。~ beings (which) many of us assume them to be の関係代名詞の which が省略された構造。"名詞 + **SV**"の見た目になっている場合，関係代名詞が省略されていることが多い。

問7 ③ the latter「後者」は指示語の一種と考える。前に述べた二つの事柄を the former「前者」，the latter「後者」と指示語的に述べる。本文に述べられている二つの事柄とは，「痛みを伴う物質を唇に注入した魚のグループ」(前者)と「塩水を唇に注入した魚のグループ」(後者)のことである。

問8 ①-T $ll.6$〜7 (We ... them) に合致する。②-T $ll.13$〜16 (Research ... months) に合致する。③-F $ll.23$〜27 (The ... latter) に合致しない。④-T $ll.28$〜29 (it ... bowls) に合致する。

DAY 9

問9 ④

① consume [kəns(j)úːm]「〜を消費する」
② respond [rɪspάːnd]「反応する」
③ relate [rɪléɪt]「関係がある」
④ moment [móʊmənt]「瞬間」

読み下し訳 ≫完全和訳文は別 p.19 参照。

❶ Many of us feel so removed from fish and other commonly consumed creatures of the sea that
　私たちの多くは／とても遠いと感じている／魚や他の一般に消費されている生物から　　　　　　　　　　　　　　　　　／ので

we don't even think of their flesh as meat. For instance, when we learn that someone
／私た／考えることすらしない／その身のことを／肉であると。たとえば、／〜する／私た／知る　［〜とい／誰かが
　ち　　　　　　　　　　　　　　　　　　　　　　　　　　　　　　　　とき　ちが　　　　うことを］

is vegetarian, we will often respond by asking, "So, you only eat fish?" We tend not to perceive
／菜食主義／　／私た／よく応じる　　　　　／尋ねることで、［じゃ／あな／しか食べ／魚／と。／私た／感じない傾向がある
　である］。〉　ちは　　　　　　　　　　　　　　　　　　　　あ、　たは　ないの？　　　　　　ちは

sea creatures' flesh as meat because we often don't think of sea creatures as animals. We
／海洋生物の身を　　　／肉であると。〈なぜなら／私た／考えないことが多い　／海洋生物のことを　／動物であると〉。／私た
　　　　　　　　　　　　　　　　　　　　　　　ちは　　　　　　　　　　　　　　　　　　　　　　　　　　　　　　　ちは

don't think of these beings as having any sense of feeling or having lives that matter to them.
／考えない　／これらの存在のことを　／持っていると　／何らかの感情を　　／ある／持って／命　／それ／大切／彼らに
　　　　　　　　　　　　　　　　　　　　　　　　　　　　　　　　　　　　いは　いると　　　　は　である　とって

*2
We thus relate to the creatures of the sea as if they were unusual plants, taking them
▲私た／したがって　　　／海の生物に　　　／〈まるで〜か／それ／変わった植物である〉。／それで捕／それ
　ちは　かかわっている　　　　　　　　　　のように　　らが　　　　　　　　　　　　　　　っている　らを

from the ocean as easily as we pick an apple from a tree.
／海から　　　　　／同じくらい／〈〜と比／私た／もぐ／りんごを／木から〉。
　　　　　　　　　　気軽に　　　べて　　ちが

❷ But are sea creatures the mindless, unfeeling beings many of us assume them to be? Not
　しかし／〜だ／海洋生物は　　／知能のない、感情のない存在　　／（私たちの多くが／思い込／それ／そうで／そうで
　　　　ろうか　　　　　　　　　　　　　　　　　　　　　　　　　　　　　　　　んでいる　が　　ある）。　はない

*4
according to a number of scientists around the world. There is much research demonstrating
／何人もの科学者（世界中の）によると。　　　　　　　　　　／存在する／たくさんの研究が　／（それは証明している

that fish and other creatures of the sea possess both intelligence and the capacity to feel pain.
［〜とい／魚や他の海の生物は　　　　　／持っている／知能も痛みも感じる能力も］）。
　うことを

*5
Research on the intelligence of sea creatures has yielded evidence that fish do not forget
▲研究（海洋生物の知能についての）は　　　　　　／出している／証拠を　　［〜と／魚は／忘れない
　　　　　　　　　　　　　　　　　　　　　　　　　　　　　　　　　　　　いう

what they've experienced just moments before, but have a memory span of at least three months.
／それらが経験したことを　　　　／たった今さっき）、／しかし／持って／記憶期間（少なくとも3ヶ月の）を。
　　　　　　　　　　　　　　　　　　　　　　　　　　　　　いる

*6
Moreover, fish can develop "mental maps" of their surroundings that allow them
▲さらに、　　　／魚は／発達させられる／「心象地図」（それらの環境の）を　　　（その／可能／それらが
　　　　　　　　　　　　　　　　　　　　　　　　　　　　　　　　　　　　　　地図／にする

to memorize and adapt to changes in their environment — a task that
／記憶して順応することを　　　　／環境の変化を　　　　　　　　　　　／これは作業（その
　　作業は

DAY 9 正解&解説

is beyond the mental ability of hamsters.
/ハムスターの知能を超える)である。

❸ Similarly, evidence that fish and other sea creatures can feel pain is increasing.
/同様に, /証拠 [〜という/魚やその他の海洋生物が /感じている/痛みを]/増えている。

In one study, researchers injected the lips of one group of fish with a painful substance and
/ある研究では, /研究者らが /注入した /ある魚のグループの唇に /痛みを与える物質を /そして

then injected the lips of another group with salt water. The first group of fish exhibited
/それから注射した /別のグループの唇に /塩水を。 /最初の魚のグループは /示した

a rocking motion similar to the kind of motion seen in stressed animals. Moreover, they
/揺れる動きを (その動きは/似ている) /以下の類の動きに (ストレスを与えられた動物に/見られる(類の))。 /さらに, /それらは

were clearly suffering: they rubbed their lips
/はっきりと苦しんでいて, /それらは /こすりつけた /唇を

on the small stones in their tank and against the tank walls, and didn't resume feeding
/小石に(水槽の中の) /と /水槽の壁面に, /そして/餌を食べ始めなかった

for almost three times longer than the latter. These observations strongly suggest that fish
/ほぼ3倍の長さの期間 /後者と比べて。 /これらの観察は /強く示唆している [〜ということ/魚は

feel pain and stress. Consequently, it is now illegal in the city of Monza, Italy, to keep
/感じる/痛みとストレスを。 /その結果として, /それ(=to以下の内容)は/今では違法である/イタリアのモンツァでは /飼うことは

goldfish in small bowls.
/金魚を /小さな金魚鉢の中で。

構文解説

*1 We tend not to perceive sea creatures' flesh as meat because we often don't think of sea creatures as animals.
》"S + V + A + as + B" は「S は A を B であると(A = B であると)V する」という内容になって, V は「見なす, 思う」などの意味であることが多い。動詞がわからない "S + V + A + as + B" が出てきたらとりあえず「A を B とみなす」と意味をとってみよう。代表的な V には regard, look on, think of, view, see などがある。

*2 We thus relate to the creatures of the sea as if they were unusual plants, taking them from the ocean as easily as we pick an apple from a tree.
》"relate to ~"「〜に関わる」。"as if + S + 仮定法過去(-)" は「まるで S が〜であるかのように」という意味。
》"taking ~" は分詞構文。本問では "and we are taking them …" のように解釈すると良い。

*3 Not according to a number of scientists around the world.
》次のように言葉を補って考えよう。
(Sea creatures are) Not (the mindless, unfeeling beings) according to a number of scientists around the world.
前文の表現の繰り返しを避けるために括弧内の語句が省略されている。内容が読みづらい場合は, 直前の内容をヒントに省略を復元してみよう。
》a number of ~ は「たくさんの〜」で, the number of ~「〜の数」と区別すること。

*4 There is much research demonstrating that fish and other creatures of the sea possess both intelligence and the capacity to feel pain.

» "demonstrating that ..."「…と証明している」は much research を修飾する現在分詞句。that 節内の文構造は次の通り。

<u>fish and other creatures (of the sea)</u> <u>possess</u>
　　　　　　S　　　　形容詞句　　　　　 V
<u>both intelligence and the capacity (to feel pain)</u>
　　　　　　　　O　　　　　　形容詞句

*5 Research on the intelligence of sea creatures has yielded evidence that fish do not forget what they've experienced just moments before, but have a memory span of at least three months.

» 文構造は次の通り。

　　　　　形容詞句
<u>Research (on the intelligence of sea creatures)</u> <u>has yielded</u>
　　S　　　　　　　　　　　　　　　　　　　　　　　　　V

　　　　名詞節（evidence と同格）
<u>evidence</u> [that <u>fish</u> <u>do not forget</u> <u>what they've experienced just moments before</u>,
　　O　　　　　　　S'　　　V'₁　　　　　　　　　　O'₁
　　　　　　　形容詞句
but <u>have</u> <u>a memory span (of at least three months)</u>].
　　 V'₂　　　　　　　　　O'₂

» evidence の後の that 節は，evidence と同格関係にあり，「～という証拠」と訳出できる。"do not forget ~ but have ..." の部分は，"not ~ but ..." に着目して，「～を忘れるということではなく，…を持っている」，さらには「～を忘れるどころか，…を持っている」と解釈するとよいだろう。

*6 Moreover, fish can develop "mental maps" of their surroundings that allow them to memorize and adapt to changes in their environment — a task that is beyond the mental ability of hamsters.

» 各部分の構造は次の通り。

<u>"mental maps"</u> of their surroundings <u>that</u> allow
　先行詞　　　　　　　　　　　　　　　関係代名詞

関係代名詞 that の先行詞は直前の their surroundings ではなく，"mental maps"(of their surroundings) である。

<u>memorize</u> and <u>adapt to</u> <u>changes</u> in their environment
　　V₁　　　　　　V₂　　　O₁₊₂

memorize と adapt to は目的語 changes を共有しており，「環境の変化を記憶し，（その変化に）順応する」となる。

» allow + O + to do(~)　は「O が～することを許す」だけではなく「O が～することを可能にする」という訳も押さえておこう。

» ダッシュ（—）は "fish ~ environment" の文と "a task ~" が同格であることを示している。and this is を補って "and this is a task ~"「そしてこれは～な作業である」と意味を取っていこう。

DAY 10 | 人は皆演じているのだ

正解

設問レベル1 問1 ①　問2 ①　問3 今，私はみなさんに話しかけながら，私は役者を演じている。というのも私は家でするような言動はしていなくて，その代わりに人前でするようにしているからだ。　問4 ②　問5 We might think of them as opportunists of fate　問6 (6)-③　(7)-②　問7 ⑤　問8 (8)-①　(9)-④

設問レベル2 (a)-③　(b)-⑤　(c)-①　(d)-②　(e)-④

解き方

問1 ①　空所に入るのは関係詞で，空所の直後が完全文なので，空所には「前置詞＋関係代名詞」か「関係副詞」が必要である。この段階で正解は①もしくは②に絞られるが，"the way how"という用法は存在しないので，正解は①の in which となる。

ポイント

way と関係詞

» way が関係詞節を伴う場合，次のように表されることが多い。
❶ This is **the way in which** he solved the problem.
❷ This is **the way (that) he solved** the problem.
「これが彼がその問題を解決したやり方だ」
❷の that は関係副詞で，省略されることが多い。これらは関係副詞 how を用いて次のように表すこともできる。
❸ This is **how** he solved the problem.

» 下の問3で出てくるように，the way は接続詞的に用いられて「～ように(= as)」という意味を表す場合がある。主に米口語。
❹ You should do it **the way** I told you to in the beginning.「最初に私が言ったようにやったほうが良いですよ」
口語体なので way の後に堅い表現である in which を補うことはふつうしないが，that を補うことは可能(ただし，省略されるのがふつう)。

問2 ①　ここで使われている regard は名詞で「尊敬」という意味。その意味に最も近い選択肢は，①の esteem である。ちなみに，②「責任」，③「激しいこと」，④「知力・知性」という意味である。

問3 「正解」参照　"speaking to you"の部分は分詞構文で，speaking の主語は主節"I am being an actor"の主語と同じ"I"。分詞構文は日本語訳にこだわりすぎず，前後のつながりが自然になるように訳せば良い。ちなみに，ここは「～しながら」などと訳すと文意に合う。"am being"は現在進行形だが，be 動詞の現在進行形は「ふだんとは違う態度を一時的にとっている」ことを表す。

本問では，「私(I)」は「役者(actor)」ではないが，「今(at the moment)」役者のようにふるまっていることを表しており，「正解」では「役者を演じている」と意訳してある。since 以下は，その発言の根拠が述べられている。"the way I would if I was at home" の部分は，the way が様態を表す接続詞 as と同じ働きをして「〜ように」という意味。would, was は仮定法過去で，「(今は家にいるわけではないが)もし仮に家にいたらするであろう(ように)」ということ。would の後ろには直前の動詞 behave と speak が省略されている(I would behave and speak)。今回は省略を補わなくとも，意味の通る和訳ができるので，あえて補わず，「家でするように」と訳せばよい。最後に "but instead as I do when ~" の部分だが，instead のあとに I am behaving or speaking を補って読む。"as I do ~" の as は上の the way と同じ意味。よって，「しかし，その代わりに人前でするようにしている」となる。

ポイント

仮定法過去

≫ 仮定法過去は，過去形の動詞・助動詞を用いて❶「現在の事実と反対の内容」や❷「起こりそうもないと話し手が考えている内容」を仮定する表現。典型的には "If ＋ S ＋過去形の動詞, S' ＋過去形の助動詞" というパターンを取る。

❶ If I **had** money, I **could** buy a ring for you.「もしお金があれば，あなたに指輪を買うことができるのに」

❷ What **would** you do if you **found** the wallet of someone you hated?「あなたが大嫌いな人の財布を見つけたら，あなたならどうしますか」

❶は，現実は「お金が無いから，あなたに指輪を買えない」ということ。❷は，あくまで想像の話として述べている。なお，someone you hated も想像の範囲内の人のことなので，hated と過去形になっている。

≫ be 動詞は，主語の数・人称に関係なく were を用いる。
If I **were** you, I **wouldn't** go alone.「私だったら，一人では行かないね」
ただし，本問のように，口語体では主語が一人称および三人称の単数のとき，were の代わりに was も使われる(... I would if I **was** at home)。

問4 ② virtuous は「徳の高い・高潔な」という意味。その意味に最も近い選択肢は，②の honorable である。ちなみに，①「見苦しくない・(言葉・態度などが)上品な」，③「広げた・普及した」，④「厳しい・厳格な」という意味。

問5 We might think of them as opportunists of fate　設問のポイントは think of A as B「A を B とみなす」を見抜けるかどうか。選択肢の中で same が不要。

ポイント

A を B とみなす

≫ 「A を B とみなす」という意味の表現は think of A as B の他に，
look on A as B / see A as B / view A as B / regard A as B
を覚えておこう。

問6 (6)-③ (7)-②

(6) 空所が含まれる文の S は文頭の This need で，空所が V になる。空所には「(市民社会が生ま

れた大昔まで)さかのぼる」という表現が入る。空所には go を入れて,「過去にさかのぼる」という意味の go back を作ればよい。ちなみに,空所の直後にある right は「はるばる・ずっと」という意味の副詞である。

(7) この文では,actor と " [(7)] people" を比べ,「[(7)] people よりも俳優から,より継続的で感情的な意思疎通を受けている」となる。ここでは「俳優」とは対照的な「現実の人」という意味の real people が正解である。

問7 ⑤ ①は *ll*.7〜10 (Everybody ... provide) の内容と合致せず。②は選択肢の "unconsciously"「無意識に(役割を演じる)」の部分が本文に記述なし。③は選択肢後半,but 以下の「それが批判されることはなかった」が本文に記述なし。④は現代人と先人を比べている記述が本文になし。⑤は *ll*.13〜15 (And ... them) の内容と合致。
① 賢い人たちは,徳のある行いだけでなく,カリスマ性も指導者の重要な要素だと考えている。
② 演じることなく社会生活を送ることはほとんど不可能なので,結果として人々は自然に,無意識に様々な役割を演じるようになった。
③ 昔より,王や政治的指導者は大衆に影響を与えるために演じてきたが,それが批判されることはなかった。
④ 現代人は日常生活で他者に感情を伝えるために先人たちよりも演じていると考えられている。
⑤ 全体主義の暴君は,大衆を自身の望みに従わせるために,演技力を効果的に使ったかもしれない。

問8
(8) - ① politician [pəlítʃən]「政治家」。第3音節にアクセント
① economics [ìːkənámɪks]「経済学」。第3音節にアクセント
② participate [pɑːrtísəpèɪt]「参加する」。第2音節にアクセント
③ architecture [ɑ́ːrkətèktʃər]「建築」。第1音節にアクセント
④ appreciate [əpríːʃièɪt]「正しく理解する」。第2音節にアクセント
(9) - ④ comment [kɑ́ːment]「評論」。第1音節にアクセント
① event [ɪvént]「イベント」。第2音節にアクセント
② guitar [ɡɪtɑ́ːr]「ギター」。第2音節にアクセント
③ dessert [dɪzə́ːrt]「デザート」。第2音節にアクセント
④ coffee [kɔ́(ː)fi]「コーヒー」。第1音節にアクセント

読み下し訳 ≫完全和訳文は別 p.21 参照。

❶ *1 I would like to consider the ways in which some politicians are, to some extent, actors.
私は / 考えたい　　　/ 次のような　(その点に　/ 一部の政治家は　/ ある程度,役者である)。
　　　　　　　　　　　点について　おいて,

I know a lot of actors, and I have a very high regard for the profession, so I am not attempting to criticize acting itself. Indeed, it is almost impossible not to be an actor when one lives in a social world. At the moment, speaking to you, I am being an actor, since I am not behaving or speaking the way I would if I was at home, but instead as I do when I am in public. Everybody knows that people, even highly educated and intelligent people, are attracted to leaders not because of the policies they advocate or their virtuous behavior, but because of the excitement and charisma that they provide; in other words, we are fascinated by their acting. Even the worst of the totalitarian tyrants of the last century were believed to be great and virtuous leaders by vast numbers of their population. And although these leaders came to power in situations of great desperation in their countries, they still used their performative powers to compel and persuade people to follow them. We might think of them as opportunists of fate, in the same way that great acting performances often arise in plays or movies which just happen to be right for the times. Whether we are aware of it or not, we are all fooled into belief by performance rather than reason.

❷ This need for the king or ruler or political leader to be first and foremost a performer goes right back to the ancient beginnings of civic society, but in modern times performances are undertaken by people who surround us. On television, for example,

every hour of the day,
/日々刻一刻,

announcers and commentators, studio guests and selected members of the public
/アナウンサーやコメンテイター，スタジオゲストや選ばれた一般の人たちが

are acting out roles for our entertainment and education. Indeed, it may be that
/演じている /役を /私たちの娯楽と教育のために。 実際, /~ということかもしれない

the modern man or woman in daily life has more constant and emotional communication
[/現代の男性あるいは女性は /日々の生活において /取っている /より継続的で感情的なコミュニケーションを

from actors than from real people.
/役者から /現実の人々からより]。

構文解説

※1 I would like to consider the ways in which some politicians are, to some extent, actors.
» in which 以下の文構造は次の通り。
some politicians are, ⟨to some extent,⟩ actors.
　　S　　　　　　　V　　　　副詞句　　　　　　　C
"to some extent" は副詞句で，挿入句となっている。「一部の政治家は役者である」と言い切ると語弊があるので，間に「ある程度は」とクッションを入れている。

※2 Everybody knows that people, even highly educated and intelligent people, are attracted to leaders not because of the policies they advocate or their virtuous behavior, but because of the excitement and charisma that they provide; in other words, we are fascinated by their acting.
» knows に続く that 節中の文構造は次の通り。
people, even ... people, are attracted ⟨to leaders⟩
　　　　S　　　　　　　　　　V　　　　　　副詞句
　　　　　　　　　　　⟨not because of ~ but because of ...⟩
　　　　　　　　　　　　　　　　副詞句
leaders の後は "not A or B but C"「AでもBでもなくC」という構造になっており，A = because of the policies they advocate（they advocate は形容詞節として the policies を修飾している），B =（because of）their virtuous behavior, C = because of the excitement and charisma that they provide（関係代名詞の that の先行詞は the excitement and charisma）である。セミコロン（;）以下は，この that 節の内容を端的にまとめている。

※3 Even the worst of the totalitarian tyrants of the last century were believed to be great and virtuous leaders by vast numbers of their population.
» この文の **S** は "the worst" で，その後に totalitarian tyrants が省略されている。"Tom is **the tallest of the five boys**." の the tallest が the tallest boy のことであるのと同じタイプの省略が起きている。
» 全体は "**S** is believed to be **C** by ~"「**S** は~によって **C** であると考えられている」という構造になっている。これは "**S** believe **O** to be **C**"「**S** は **O** が **C** であると考えている」の受動態で，think, consider, find なども同じ構造をとることができる。

※4 And although these leaders came to power in situations of great desperation in their countries, they still used their performative powers to compel and persuade people to follow them.
» "although ~ countries" は「譲歩」を表す副詞節。この節内の "come to power" は「権力を握る」という意味である。

» 主節においては and が compel と persuade を結んでいる。どちらの動詞も "compel + O + to *do*(~)"「O に〜することを強いる」, "persuade + O + to *do*(~)"「O に〜するよう説得する」という形をとるので, 共通項の "O + to *do*(~)" を一つで済ませている。

*5 We might think of them as opportunists of fate, in the same way that great acting performances often arise in plays or movies which just happen to be right for the times.

» "in the same way (that) + **SV**" は「**S** が **V** するのと同じように (= just as **SV**, just like **SV**)」という意味。関係代名詞 which の先行詞は plays or movies である。

*6 Whether we are aware of it or not, we are all fooled into belief by performance rather than reason.

» 接続詞 whether は「〜であろうと…であろうと」という譲歩の副詞節を導いている。ここでは "whether A or not"「A であろうとなかろうと」の形になっている。

» "we are all fooled" の all は主語の we と同格で「私たちはみなだまされる」という意味。動詞 fool は "fool + O + into *do*ing(~)" で「O をだまして〜させる」という形が一般的で, 本問のように受動態にする場合も "fooled into believing"「だまされて信じる」となるが, ここでは動名詞 believing の代わりに名詞 belief が用いられている。

*7 This need for the king or ruler or political leader to be first and foremost a performer goes right back to the ancient beginnings of civic society, but . . .

» 文構造は次の通り。

This need . . . goes ⟨right back to the ancient beginnings of civic society⟩
   S   V   副詞句

主語は "This need for A to *do*(~)"「A が〜するこの必要性」という形になっている。for A (= for the king or ~ leader) は to *do* (= to be ~ performer) の意味上の主語で, このカタマリが This need を修飾している。

DAY 11 | バイオマスエネルギーの利点と欠点

正解

設問レベル1　問1　A群-②　B群-④　　問2　(ア)-②　(イ)-③　(ウ)-④　(エ)-②　(オ)-②

問3　バイオマスエネルギーの最も重要な利点は，あらゆる形態の輸送技術に燃料として用いることのできる直接的なガソリンの代替品としてよく適しているということである。　問4　2006年以降，エタノール市場に向けて大豆からトウモロコシに農産物を替えたり，食料よりもむしろ燃料のために大豆を栽培したりするアメリカ合衆国の農場経営者が，食用大豆の世界的供給量の低下を引き起こしている。　問5　(3)-①　(4)-②

設問レベル2　(a)-②　(b)-⑦　(c)-⑤　(d)-④　(e)-①　(f)-⑥　(g)-③

解き方

問1　選択肢中の「人名，地名，固有名詞，他の選択肢に出てきていないようなキーワードとなる語句」などをヒントに本文との照らし合わせをする。

A群-②　$ll.9 \sim 10$ (Biomass ... season) に合致。「植物の命は毎年新しくなるので，バイオマスエネルギーは再生可能なエネルギー源であると考えられるかもしれない」。①「バイオマスエネルギーを実用化するために，伝統的な輸送システムを修正しなければならない」は $ll.6 \sim 8$ (The ... technologies) に合致しない。③「バイオマスエネルギーは大気中の二酸化炭素の量に刺激を与える可能性があるので，地球の気候変化をチェックする手助けとなるだろう」は本文に述べられていない。④「バイオマスエネルギーの最も重要な利点は，バイオマスエネルギーがほとんど汚染物質を出さないということだ」は $ll.18 \sim 20$ (Unlike ... significant) に合致しない。

B群-④　$ll.31 \sim 33$ (Ironically ... corn) に合致。「もし熱帯雨林がバイオマス穀物を育てるために伐採されなければならないなら，大気中への二酸化炭素の排出は必ずしも少なくなるとはかぎらないかもしれない」。①「アメリカの農場経営者は燃料のために大豆を栽培し始めたので，食物としてのトウモロコシの需要が激しく低下した」は本文に述べられていない。②「ブラジルとインドネシアは広大な熱帯雨林の地域を保護するためにアメリカと競うことになるだろう」は本文に述べられていない。③「バイオマス穀物は大豆の代わりにトウモロコシが栽培されるなら再生可能となる」は本文に述べられていない。

問2

(ア)-②　$ll.2 \sim 5$ (That ... energy) の内容より②の extracted「抽出される」が正解。「バイオマスエネルギーは太陽エネルギーの間接的な形態で植物から抽出できる」

(イ)-③　$ll.2 \sim 5$ (That ... gas), $ll.11 \sim 14$ (While ... atmosphere) の内容より③の emitted「放出される」が正解。「植物に付着した炭素は最終的に燃やされた時に大気に放出される」

(ウ)-④　ll.18～19 (Unlike . . . pollution-free) の内容より④の problems「問題」が正解。「バイオマスは多くの再生可能エネルギー源のひとつであるが，残念ながら問題がないわけではない」

(エ)-②　ll.25～30 (Since . . . forest) の内容より②の emerged「出現した」が正解。「近年，新しい穀物市場がバイオマスエネルギーの需要を満たすために出現した」

(オ)-②　ll.31～35 (Ironically . . . forests) の内容より②の cleared「取り除かれた」が正解。clear A of B で「A から B を取り除く」という意味である点に注意(本問はこれが受動態になっている)。「バイオマス穀物は熱帯雨林が取り除かれた土地で栽培されるべきではない」

問3　「正解」参照　The most important advantage ... is that SV ～の第2文型の構造。「…最も重要な利点は～ということだ」／ it [= biomass energy] is well suited as ～「それ [= バイオマスエネルギー] は～としてよく適している」／ a direct gasoline substitute「直接的なガソリンの代替品」／ that can fuel all forms of transportation technologies「あらゆる形態の輸送技術の燃料として用いることのできる」。that で始まる関係代名詞節は substitute を修飾している。
　　　　　　　　　　　　　　　S　　　　　　　　　V　C

ポイント
that の識別

» that 節を識別する必要がある場合，「直前の品詞」に着目しよう。**直前が動詞**の場合の "that SV" は目的語や補語となる**名詞節**であり，**直前が名詞**の場合の "that (S) V (S は省略されることがある)" は**関係代名詞節(形容詞節)**か直前の名詞と**同格**となる。

動詞　　　接続詞→名詞節を導く

The most important advantage of biomass energy **is** [**that** it is well suited as a direct gasoline **substitute** (**that** can fuel all forms of transportation technologies)].

名詞　　　関係代名詞→形容詞節を導く

問4　「正解」参照　文全体の主語は farmers，動詞は have caused で，in the United States と who switched ～ or grew . . . がそれぞれ farmers を修飾している。switched crops from soybeans to corn は，「大豆からトウモロコシに農産物を替えた」と訳す。from A to B「A から B へ」。grew their soybeans for fuel rather than food は，「食料よりも燃料のために大豆を栽培した」と訳す。A rather than B「B よりもむしろ A」。have caused a decrease in ～ は「～の低下を引き起こした」と訳す。the world supply of soybeans for food material は，「食用大豆の世界的供給量」と訳す。for food material は soybeans を修飾している。

ポイント
アクセントのポイント❶

» 単語のアクセントを覚える際，まずは単語の語尾に着目してアクセントの位置を探そう (例外あり)。
・語尾にアクセントがあるもの
　-ain (動詞のみ) / -ental / -ee, -oo などの母音の連なりなど
・語尾の一つ前の母音にアクセントがあるもの
　-ic, -ics, -ical / -ity, -ety, -ify / -cian, -sion, -tion, -stion, -gion / -ial, -ual / -ience, -ient / -age / -sive / など
・語尾の二つ前の母音にアクセントがあるもの
　-ate, -ite / -ous など

問5

(3) - ① energy [énərdʒi]「エネルギー」
② depend [dɪpénd]「依存する」
③ emerge [ɪmə́ːrdʒ]「現れる」
④ supply [səplάɪ]「供給」

(4) - ② atmosphere [ǽtməsfìər]「大気」
① advantage [ədvǽntɪdʒ]「利点」。-age の一つ前の母音にアクセントがくる。
③ contribute [kəntrɪ́bjuːt]「寄与する」。-trib- にアクセントがくる。
④ significant [sɪɡnɪ́fɪkənt]「重要な」

読み下し訳　≫完全和訳文は別 p.23 参照。

❶ Biomass energy is the result of the conversion of sunlight into usable energy. Plants absorb
／バイオマスエネルギーは／結果である　（太陽光の、使用できるエネルギーへの転換の）。　　　／植物は／吸収する

energy from the sun as they grow. That energy can then be extracted as the plant mass
／エネルギーを／太陽から　／〜する際に／それらが／成長する／。そのエネルギーは／その後で抽出できる　／〜する際に／その植物の集団が

is either burned or converted into a more convenient liquid fuel, ethanol for example,
／燃やされる　／か／転換される　／より便利な液体燃料、例えばエタノールといった燃料に

which is similar to gasoline or natural gas. Thus, biomass
（その液体燃料というのは）／似ている　／ガソリンや天然ガスに）。／したがって、／バイオマス

is an indirect form of solar energy. The most important advantage of biomass energy is that
／太陽エネルギーの間接的な形態である。　／バイオマスエネルギーの最も重要な利点は　　　／〜ということである

it is well suited as a direct gasoline substitute that can fuel
［それは／よく合っている　／直接的なガソリンの代替物として　（この代替物は／燃料を補給できる

all forms of transportation technologies.
／すべての形態の輸送技術に）］。

❷ Biomass is a renewable energy source because each year the plant life which biomass
／バイオマスは／再生可能なエネルギー源である　　　　〈なぜなら　／毎年　　／植物　　（その植物に／バイオマス

depends upon is renewed in a new growing season. While the plants are absorbing energy
依存している）は／再生される　／新たな成長時に〉。　　　〈〜の間／この植物が／吸収している　／エネルギーを

from the sun, they are also fixing carbon from the atmosphere into the plant mass. When
／太陽から、〉／それらは／固着させてもいる　／炭素を　／大気中から　　　　／その植物群のなかに〉。〈〜とき

the plant mass has its energy extracted, this carbon is then released back into the atmosphere.
／その植物群が　　／そのエネルギーを抽出される、〉／この炭素は／今度は放出される　／元の大気中に〉。

Consequently, the amount of carbon emitted would be balanced by the amount of carbon that
／その結果、　／排出される炭素の総量は　　　　／バランスが保たれるだろう／炭素の総量によって　　（その炭素とは

is absorbed. Thus, biomass energy, in theory, does not contribute to global climate change, and it is considered CO₂-neutral.

❸ Unlike other renewable energy sources, however, biomass is not pollution-free. In fact, the pollution from many biomass sources can be significant. Ethanol, for example, emits the same type of pollutants (except for CO₂) as its fossil-fuel companions. Wood-burning stoves and corn stoves release more pollution than natural gas furnaces, even though less than coal stoves.

❹ Furthermore, a new problem has emerged recently in the world crop market. Since 2006, farmers in the United States who switched crops from soybeans to corn for the ethanol market, or grew their soybeans for fuel rather than food, have caused a decrease in the world supply of soybeans for food material. This supply loss was then replaced by new soybean production in countries such as Brazil and Indonesia, where the crops were then grown on land that was stripped of tropical rain forest. Ironically, cutting down an acre of tropical rain forest results in more carbon emissions than are balanced by the ethanol production from one acre of corn. Biomass crops could be considered truly renewable, only when they are grown in an environmental and sustainable manner and on land that is not covered with productive forests.

DAY 11

構文解説

❋1 That energy can then be extracted as the plant mass is either burned or converted into a more convenient liquid fuel, ethanol for example, which is similar to gasoline or natural gas.

≫ "as the plant mass is..." の as は「時」を表す副詞節を導く。as は特に「同時」を含意し,「植物が燃やされたり,〜転換されたりする」のとほぼ同時に「エネルギーを抽出できる」という感じがある。

≫ either A or B「A か B かのどちらか」。into は「変化の結果」を示す。「燃やされるか,転換された結果,より便利な液体燃料になる」と意味をとる。

≫ "ethanol for example" は "a more convenient liquid fuel" と同格で,後者の具体例を挿入している。この部分を(　)に入れると, "a more convenient liquid fuel which is similar to..." となり,「より便利な液体燃料」をさらに「ガソリンや天然ガスに似ている(液体燃料)」と限定している。「より便利」の比較対象となっているのは,「太陽エネルギー(energy from the sun / solar energy)」である。

❋2 Since 2006, farmers in the United States who switched crops from soybeans to corn for the ethanol market, or grew their soybeans for fuel rather than food, have caused a decrease in the world supply of soybeans for food material.

≫ 文構造は次の通り。

```
                     形容詞句            形容詞節
... farmers (in the United States) (who switched crops 〈from soybeans to corn〉
 S                                   S₁     V₁     O₁
副詞句
〈for the ethanol market〉, or grew their soybeans (for fuel rather than food)),
                          V₂           O₂
            形容詞句
have caused a decrease (in the world supply of soybeans for food material).
  V              O
```

関係代名詞 who が受ける先行詞は離れた farmers。from A to B は「A から B へ」という意味で switched を修飾する。A rather than B は「B というよりむしろ A」という意味で A に力点が置かれる。a decrease in ~ で「~の減少」。in the world ~ material までが a decrease を修飾している。なお, "for food material" は "soybeans" にかかり, "of soybeans for food material" は "the world food supply" にかかる。

❋3 This supply loss was then replaced by new soybean production in countries such as Brazil and Indonesia, where the crops were then grown on land that was stripped of tropical rain forest.

≫ A is replaced by B は「A は B に取って代わられる」という意味で,平たく言えば「A から B になる」ということ。such as ~ は具体例を示す表現で「~のような」と訳す。ここでは "countries" の具体例。where 節は非制限用法の関係副詞節で,離れた countries が先行詞。Indonesia の部分でいったん区切って「〜, そしてそこでは」と訳し下す。that 節は land を先行詞とする関係代名詞節。was stripped of は strip A of B「A から B を取り除く」の受動態。「熱帯雨林を取り除かれた土地」と訳出する。二つ目の then「その時に」は「新たに大豆が生産されたときに」ということ。

❋4 Biomass crops could be considered truly renewable, only when they are grown in an environmental and sustainable manner and on land that is not covered with productive forests.

≫ "be considered truly renewable" は consider + O + C「O を C だと考える」の受動態。be considered + C で「C だと考えられている」と訳出する。

≫ "in an environmental and sustainable manner" は, 形容詞 environmental と sustainable が共に manner を修飾している。
in an (environmental and sustainable) manner

≫ manner の後の and は, in ~ と on ~ の前置詞句どうしを結び付け, 共に are grown を修飾している。

are grown 〈in - manner and on land ~〉

≫ be covered with ~「~に覆われている」。

DAY 12 | ある著者の日記

正解

設問レベル1 問1 筆者夫婦は3歳以上離れた兄弟がいる家庭で育ったということ。(29字)
問2 Little did we know how right we were　　問3 Gracie　　問4 エレナはグレイシーを何とかなだめただけでなく、エレナは、私たちが20分前にグレイシーに着させるのを失敗したまさにその服をグレイシーに着せていた。　　問5 友情がうまくいくのは、違いがあるからだ。
問6 the difference　　問7 ④　　問8 (7)-③　(8)-④
設問レベル2 (a)-⑥　(b)-③　(c)-⑤　(d)-②　(e)-④　(f)-①

解き方

問1 「正解」参照　下線部を直訳してみると、「両者とも兄弟と3歳かそれ以上年の離れた家庭出身だったので」となる。having (both) come の部分は分詞構文であり、having come とすることで、主節（we felt that ~ の文）よりも以前の内容だと示している。both とは Brook と筆者のことである。

ポイント

分詞構文 having *done*
≫分詞構文が having *done* という形をとると、主節の内容よりも時間的に過去の内容を表すことができる。
　Having watched the movie before, I knew the ending.「その映画は以前見たことがあったので、私はエンディングを知っていた」
「映画を見た」のは主節 I knew よりも時間的に過去のことである。上の例文は接続詞を用いて次のように書くこともできる。
　Since I had watched the movie before, I knew the ending.

問2 **Little did we know how right we were**　Little が文頭に出ていることがヒント。ここでは little は「まったく～ない」という意味の否定の副詞である。否定の副詞が文頭に出ているので、その直後は疑問文の語順になるため、did we know という形になる。また how の直後には形容詞の right を持ってきて「どれほど正しいか」というカタマリを作れば、正解はたやすく導ける。

ポイント

否定の副詞が文頭→疑問文の語順
≫否定の副詞（副詞句も）が文頭に出ると、後ろは疑問文の語順になる。
　"I have **never** seen such a beautiful woman."
否定語の never が文頭に出ると、
　"**Never** have I seen such a beautiful woman."
となり、下線部のように疑問文の語順になる。また否定の副詞だけではなく、**否定の副詞句**が文頭にある場合も同じく倒置が起こる。
<主な否定の副詞・副詞句>
never / hardly / scarcely / seldom / rarely / little / under no circumstances「どんな状況でも～ない」/ at no time「決して～ない」など。

DAY 12

問3　Gracie　下線部は直訳すると「新しく加えられたもの」という意味なので，家族に新しく加わるものといえば，Gracie しかいない。

問4　「正解」参照　"not only ~ but also" の "not only" が文頭に出ている場合も倒置が起こり，後ろは疑問文の語順になるため "had she managed to ~" となっている。"had she" の she は Elena であるので，それを示しながら訳す。また，manage to do は「なんとか～する」という意味であり，ここまでは「エレナはグレイシーを何とかなだめただけでなく」と訳せる。カンマより後の "she also dressed her" は「彼女は彼女に服を着せた」となるが，文脈から判断すれば she はエレナで her はグレイシーと判断できる。また "in the exact clothes" の "in" は「着衣」を表す in である。最後に "get her to wear" の部分は "get + O + to do(~)" 「O に～させる」という表現で，それを踏まえてカンマ以下を訳すと，「エレナはグレイシーに，私たちがグレイシーに着させるのを失敗したまさにその服をグレイシーに着させていた」と訳せる。エレナとグレイシーが何度も出てきて和訳があまり洗練されていない印象を受けるが，設問で「she と her が指すものを明らかにしながら」とあるのでこのままで良い。

問5　「正解」参照　これは it is ~ that の強調構文であるので，it を「それ」と訳すことは間違いである。強調構文は that より後ろから訳し始め，最後に "it is ~ that" で挟まれている部分を訳すときれいに訳せる。

問6　the difference　it の後ろにある also がヒントになる。前文で「違いこそが，友情関係をうまくいかせる」とあり，それを受けての "also" なので「違いは，また～」と考えるのが適切である。したがってこの it は the difference となる。

問7　④　①は ll.8～9（At ... impacted）と合致せず。②は，"matured enough" や "whenever" にあたる表現が本文中に書かれていない。③は ll.4～7（Having ... were）の内容と合致せず。④は ll.9～12（but ... family）の内容に合致。
①　エレナは妹によってもたらされるだろう影響を予想していた。
②　エレナはグレイシーが癇癪を起こしたときはいつでもなだめられるほど十分に成熟していた。
③　作者は自身の娘たちが，年齢が近いことを利用できるだろうと確信していた。
④　姉であるという意識はエレナがグレイシーの世話をすることを促した。

問8
(7) - ③　comfort [kʌ́mfərt]「なだめる」
①　country [kʌ́ntri]「国」
②　dozen [dʌ́zn]「ダース」

③ collect [kəlékt]「集める」
④ flood [flʌ́d]「洪水」

(8) - ④ hold [hóʊld]「持つ」
① only [óʊnli]「〜だけ」
② low [lóʊ]「低い」
③ folk [fóʊk]「人々」
④ brought [brɔ́ːt] ＜ bring の過去・過去分詞形。

読み下し訳　≫完全和訳文は別 p.25 参照。

❶ Gracie and Elena are more than just sisters, they're also best friends.
　グレイシーとエレナは／単なる姉妹以上である。／彼女たちは／親友でもある。

With only twenty-two months between them, they share more than clothes, toys and hobbies;
わずか22ヶ月しか彼女たちの間にはないので、／彼女たちは／共有している／洋服、おもちゃ、趣味以上のものを。

they also share their lives.　This was the way Brooke and I intended it　from the beginning.
／彼女たちは〜も共有している／彼女たちの人生を。　／これは／状態だった　〈ブルックと私が／意図した　／それを／最初から〉。

Having both come from families where we were three or more years apart from our siblings,
／二人とも出身だったので　／その家庭から　〈私たち／3歳以上離れていた　／私たちのきょうだいから〉、

we felt that our children would benefit from being two years apart or less.
／私たちは感じていた［〜ということを／私たちの子供たちは　／メリットがあるだろう／年齢差が2歳以下であることから］。

Little did we know how right we were.
／まったく私たちには分からなかった　／いかに正しいか　／私たちが。

❷ At twenty-two months, Elena had no idea how much her life was about to be impacted, but
／生後22ヶ月の時点では、／エレナは／まったく知らなかった　／どの程度　／彼女の人生が　／今まさに影響を受けようとしているか、／しかし

she did know she was now a big sister.　Proudly wearing her "I'm a New Big Sister" pin
／彼女は確かに知っていた　／彼女が／今やお姉さんであることを。　／誇らしげに身につけて　／彼女の『私は新しいお姉さん』というピンバッジを

at the hospital, she took to her duty as bottle feeder as　she gave up her room and her toys
／病院で、／彼女は／専念した／彼女の義務に　／ミルクをあげる人としての　／〜すると同時に／彼女が／あきらめた／自分の部屋とおもちゃを

for the new addition to the family.　And although they would play with each other and spend
／新たに加わったもののために／この家族に。　／そして　〈〜だけれど／彼女たちは／遊ぶようになる／二人で　　／そして／過ごすようになる

hours in the family room, we　soon realized how much they would come to love each other
／何時間も　／家族がだんらんする部屋で、〉　／私たちは／すぐにわかった　／どれほど　／彼女たちは／愛するようになるか　／お互いを

the day we heard Gracie laugh for the first time.　Around six months after her birth, we found
／あの日に　〈私たちが／聞いた　／グレイシーが／笑うのを／初めて〉。　　／6ヶ月ごろ　　　　　／生後、　　　／私たち気づいた

Gracie giggling　in her swing while Elena　danced and　made funny faces in front of her.　It's
／グレイシーが／クスクス笑っていることに　／ブランコに乗りながら　〈〜の間／エレナが／踊って　／そして／おかしな顔をした　／彼女の前で〉。　／状況は

never been the same since. Now Gracie returns the favor daily with her staged antics and infectious smile.

❸ Even today, Gracie is the comedian while Elena is the comforting mom. Just this morning while Gracie was upstairs in the midst of a temper tantrum over her clothing selection, and Brooke and I had all but given up, Elena quietly climbed the stairs to calm her sister. Five minutes later, she came downstairs holding Gracie's hand remarking to both of us how wonderful Gracie looked this morning, while Gracie wiped away tears. Not only had she managed to calm Gracie, but she also dressed her in the exact clothes that we had failed to get her to wear twenty minutes earlier.

❹ Friends don't have to be the same in order to get along. Sometimes it is the differences that make a friendship work. In Gracie and Elena's case, it is also what makes them perfect for each other.

構文解説

※1 At twenty-two months, Elena had no idea how much her life was about to be impacted, but she did know she was now a big sister.

» have no idea = don't know at all「まったく分からない,知らない」。「~のことを/~についてまったく知らない」という場合は "have no idea of / about ~" などのように表すが,本問のように how 節が続く場合は,ふつう of, about などの前置詞は省略する ("have no idea (about) how much ~ impacted")。

» "did know" の did は強調の助動詞で,know を強めている。これにより前半の「知らなかった」と後半の「知っていた」との対比が明確になる。

※2 Proudly wearing her "I'm a New Big Sister" pin at the hospital, she took to her duty as bottle feeder as she gave up her room and her toys for the new addition to the family.

» "wearing ~ hospital" は分詞構文で,分詞の意味上の主語は she [= Elena] である。主節には as が二つある。一つ目の as は「~として(の)」という意味の前置詞で,"her duty as bottle feeder" で「ミルクをあげる人としての義務」という意味になる。二つ目の as は「同時」を表す接続詞で,"as she gave up her room and her toys" で「彼女が自分の部屋やおもちゃを諦めると同時に」となる。

*3 we soon realized how much they would come to love each other the day we heard Gracie laugh for the first time.

≫文構造は次の通り。

we 〈soon〉 realized how much ... each other
S　　副詞　　　V　　　　　O
　　　　　　　　　　↑
　　　　　　　　　　└〈the day we heard Gracie laugh for the first time〉
　　　　　　　　　　　　　　　　副詞句

一見 "the day ~ time" は名詞句に見えるが，the day の前に前置詞 on が省略されており，realize を修飾する副詞句となっている。the day と we heard の間には関係副詞 when または that が省略されており，「私たちが～を聞いたその日に」のように we heard ~ が the day を修飾するように訳す。"we heard Gracie laugh" は S＋知覚動詞(V)＋O＋動詞の原形(~)「S は O が～するのを V する」のパターン。

≫ "they would come" の would は "realized" で示された過去の時点から見た未来を表す。"realized ... they would ~" で「彼女たちが～するあろうということがわかった」ということ。

*4 we found Gracie giggling in her swing while Elena danced and made funny faces in front of her.

≫前半の文構造は次の通り。

　　　　　　　　　　　副詞句
we found Gracie giggling 〈in her swing〉
S　　V　　O　　C

ここでは giggling が find の補語になり SVOC の形となっている。"find＋O＋doing(~)" で「O が～していることに気づく」という意味。

while が導く副詞節の修飾関係に注意しよう。構造上，この副詞節は主節の動詞 found にかかる可能性と，補語の giggling にかかる可能性があるが，文脈からは「エレナが踊っておかしな顔をする」一方で，「グレーシーがブランコに座ってクスクス笑う」と解釈するのが妥当であろう。すなわち，giggling にかかっている。

*5 Five minutes later, she came downstairs holding Gracie's hand remarking to both of us how wonderful Gracie looked this morning, ...

≫文構造は次の通り。

she came 〈downstairs〉 holding Gracie's hand 〈remarking to ...〉
S　　V　　副詞　　　　　　C　　　　　　　　　副詞句

come doing(~) は「～しながら来る」という意味で doing は C (補語)。これに "remarking to ~" という付帯状況を表す分詞構文が付いている。もっとも，この C も主語が「来た」ときの状況を表しているので，holding ~, remarking ~ ともに「彼女が階下に降りて来た」ときの状況を表していると考えて問題ない。remarking ~ の部分は，remark to A＋that 節(~)「～ということを A に言う」という構造になっている (remark が従える節はふつう that 節のみだが，本問では "how wonderful Gracie looked this morning" という感嘆文の節になっている。that 節で言い換えれば that Gracie looked very wonderful this morning ということになる)。

DAY 13 | 日本人のロボットに対する意識

正解

設問レベル1 問1 ② 問2 ③ 問3 ① 問4 どれぐらい日本人はロボットが人間ほど人を怖がらせるものではないと思っている可能性があるのかを理解するために，研究者は，この調査の参加者がどこを見ているのかを観測するヘッドセットを使って，目の動きを調査し続けている。 問5 エ 問6 ①

設問レベル2 (a) - ③ (b) - ⑤ (c) - ② (d) - ④ (e) - ①

解き方

問1 ② view A as B「AをBとみなす」。空所(1)を含む文の次の文には「日本の大衆文化はロボットを肯定的に描いている」と書かれており，また *ll*.10〜11 (But ... good) には「しかし，鉄腕アトムは―人間というよりむしろロボットであるので―良いことのためにその技術を使うことができたのだ」とある。この二つの内容を空所(1)を具体化した表現と考えると②の「友好的で無害な」が正解。①「残酷で邪悪な」，③「新しく革新的な」，④「強くて破壊的な」

問2 ③ 下線部(2)を含む文の主語には Putting a nuclear core into a cartoon robot less than a decade after Hiroshima and Nagasaki「広島と長崎(の原子爆弾投下)の後10年もたたないうちに，核をマンガのロボットに組み込むこと」と書かれており，原子爆弾の犠牲となった日本人の心情からすると核が組み込まれたロボットに引き付けられることは一見奇妙だと思える。その内容に沿い③「原子爆弾が投下されてからまもなくだったから」が正解。①「それが新しく魅力的なキャラクターを作る一般的な方法だったから」，②「原子の心臓とロボットの組み合わせがあまりに典型的なものだったから」，④「ロボットならば，ふつう科学技術を善い方向に使用することができるだろうから」。

問3 ① 複数形の directions は「道順」「使用法」「指図」の意味で使われ，ask directions がふつう「道を尋ねる」の意味であることを知っていれば，解答は簡単。しかし，知らなくても，次の文で「日本では，他の場所よりも，見知らぬ人に近づくことに気が進まないと思っている。だからロボットの交通巡査や案内係を作ることで人々がその内気を克服するのをより容易にするだろう」と例を挙げているので，①「東京の繁華街に行くバスはどこで乗ることができますか」が正解であるとわかるだろう。②「見知らぬ人に質問をすることは簡単だと思いますか」，③「サンフランシスコからハワイまで料金はいくらですか」，④「よろしければこの自動販売機の使い方を私に教えてくれませんか」

DAY 13

問 4 「正解」参照　文構造は次の通り。

副詞句(目的を表す不定詞句)
⟨To understand [how the Japanese might find robots less intimidating than people]⟩,
　V₁　　　　　　　O₁　　S₁₋₁　　V₁₋₁　　　　O₁₋₁　　　C₁₋₁
　　　　　　　　名詞節(間接疑問文)

researchers have been investigating eye movements, ⟨using headsets ⟨that monitor
　　S　　　　　　　V　　　　　　　　　　O　　　　　V₂　　O₂　　S₂₋₁　V₂₋₁
　　　　　　　　　　　　　　　　　　　　　　副詞句(分詞構文)　形容詞節(関係詞節)

名詞節(間接疑問文)
[where the participants of the study are looking]⟩⟩.
　O₂₋₁　　　　　S₂₋₂　　　　　　　　V₂₋₂

　To understand は「目的」を表す不定詞。have been investigating は現在完了進行形で「～している，～し続けている」と訳出する。using は分詞構文で，「～を使って」と訳出する。that 節は headsets を先行詞とする主格の関係代名詞，monitor が動詞，where 節は目的語となる名詞節。

ポイント

文頭の to do

≫ 文頭が To do(~) になっている場合は，以下に示す2つの可能性を予想して読んでいこう。

❶ "To do(~) V" の見た目になっている場合
　不定詞句は主語となり「～することは V する」と訳出する。
　[To learn English] is interesting. 「英語を勉強することは面白い」
　　　　S　　　　　　V

❷ "To do(~), SV" の見た目になっている場合
　不定詞句は副詞句となり「～するために，S は V する」などと訳す。
　⟨To learn English⟩, I studied abroad. 「英語を勉強するために留学した」
　　　副詞句　　　　　S　　V

問 5　エ　設問の英文からヒントを探すと，まず However とあるので，前の文と「逆接」の関係になる。「しかし，有名なニュースキャスターをモデルにしたアンドロイドに話しかける場合は，その同じ参加者は，現実の人間の場合よりも，アンドロイドの眼を見る可能性がはるかに高かった」という設問英文の内容から，「アンドロイドではない対象に話しかけた場合」と「アンドロイドに話しかけた場合」とを比較して「アンドロイドの眼を見る可能性がはるかに高かった」というつながりになると考える。以上を踏まえると(エ)の箇所に設問の英文を補充するのが適切である。

問 6　①

① evil [íːvl]「邪悪な」
② refer [rɪfə́ːr]「表す」

ポイント

アクセントのポイント❷

≫ -fer / -cur はその母音にアクセントがくる。
　refer, prefer, occur
　このような語は活用形のスペリングに注意。
　referred / referring, preferred / preferring, occurred / occurring
　[例外]　differ, suffer, offer

DAY 13

③ portray [pɔːrtréɪ]「~を表現する」
④ cartoon [kɑːrtúːn]「マンガ」。「母音字の連なり (-oo-)」にアクセントがくる。

読み下し訳 ≫完全和訳文は別 p.27 参照。

❶ Few Japanese have the fear of robots that seems to haunt Westerners
/ほとんどの日本人は 持っていない /ロボットに対する恐怖心を (その恐怖心は) /悩んでいると思われる /欧米人を

in novels and Hollywood films. In Western popular culture, robots are often a threat,
/小説やハリウッド映画の中で。 /欧米の大衆文化では, /ロボットは /しばしば脅威である,

either because they are manipulated by evil forces or because something goes horribly wrong
〈なぜなら~だから /ロボットは /操作される /悪の力によって〉 /あるいは〈なぜなら~だから /どこかが /ひどく狂う

with them. By contrast, most Japanese view robots as friendly and harmless.
/ロボットに関して〉。 /それとは対照的に, /大半の日本人は /みなしている /ロボットを /友好的で無害であると。

Japanese popular culture has constantly portrayed robots in a positive light, ever since Japan
/日本の大衆文化は /ずっと描いてきた /ロボットを /肯定的な観点から, /~以来ずっと /日本が

created its first famous cartoon robot, Tetsuwan Atomu, in 1951. Its name in Japanese refers
/生み出した /その最初の有名なマンガのロボットである鉄腕アトムを /1951年に。 /その名前(日本語での)は /指す

to its atomic heart. Putting a nuclear core into a cartoon robot less than a decade
/そのロボットの原子力で動く心臓のことを。 /据えること /核を /マンガのロボットの中に, /10年未満で

after Hiroshima and Nagasaki might seem an odd way to attract people to the new character.
/広島と長崎(の原爆投下)の後は /奇妙なやり方に見えるかもしれない〈惹きつけるための /人々を /その新しいキャラクターに〉。

But Tetsuwan Atomu — being a robot rather than a human — was able to use the technology
/しかし /鉄腕アトムは /人間というよりロボットであるがゆえに /使うことができた /この(原子力という)技術を

for good.
/善のために。

❷ It's no surprise, therefore, that many Japanese seem to like
/それ(=that以下の内容)は /まったく驚くべきことではない /したがって, /[~ということは /多くの日本人が /好きみたいである

robot versions of living creatures, more so than the living creatures themselves.
/ロボット版の生き物を, /よりもっとそう(=好き)である /生き物それ自体よりも]。

An obvious example is AIBO, the robotic dog that Sony began selling in 1999.
/明らかな一例は /アイボである /(アイボとは)ロボット犬(である) /(それを) /ソニーが /売り始めた /1999年に)。

The bulk of its sales has been in Japan and the company says there is a big difference
/その販売数の大半は /ずっと日本においてである, /そして /この企業(=ソニー)は /言っている /[存在すると /大きな違いが

between Japanese and American consumers. American AIBO buyers
/日本とアメリカの消費者間に]。 /アメリカのアイボ購入者は

tend to be computer enthusiasts who want to hack the robotic dog's programming and
/コンピュータマニアである傾向がある (彼らは /抜き出したい /このロボット犬のプログラム情報を) /そして

check out the way it works. On the other hand, most Japanese consumers like AIBO because it is a clean, safe and predictable pet.

❸ AIBO is just a fake dog. As the country gets better at building interactive robots, their advantages for Japanese users will multiply. A robot researcher cites the example of asking directions. In Japan, people are more reluctant than in other places to approach a stranger. Building robotic traffic police and guides will make it easier for people to overcome their shyness.

❹ To understand how the Japanese might find robots less intimidating than people, researchers have been investigating eye movements, using headsets that monitor where the participants of the study are looking. One myth about the Japanese is that they rarely make eye contact. This is not true. When answering questions put by another person, the participants made eye contact around 30% of the time, which is not such a low percentage. However, when talking to an android who had been modeled on a famous newsreader, the same participants were much more likely to look it in the eye than they were a real person. Although more tests should be done, the results suggest that the Japanese seem to be much more at ease when talking to an android.

構文解説

※1 But Tetsuwan Atomu — being a robot rather than a human — was able to use the technology for good.
» being は分詞構文で，Tetsuwan Atom を補足的に説明し，was 以下の理由を述べている。分詞構文で being はしばしば省略されるが，省略されていないときは「理由」を表している場合が多い。ダッシュ（—）やカンマ（,）で挟まれた副詞的要素を挿入句[節]という。読み取りの際，いったん挿入句[節]をとばし，外側をつないで文構造を考えてみよう。

※2 An obvious example is AIBO, the robotic dog that Sony began selling in 1999.
» "AIBO" と "the robotic dog ~ in 1999" は同格の関係にあり AIBO の具体的説明がなされている。

※3 In Japan, people are more reluctant than in other places to approach a stranger.
» 比較の対象を明確にするために "than in other places" を比較級の直後に移動することがある（比較対象の前置）。その場合，than 以下をいったん括弧でとじて，外側をつないで意味を取ろう。本問では be reluctant to do(~)「〜することに気が進まない」が than 句によって見えにくくなっている。

※4 Building robotic traffic police and guides will make it easier for people to overcome their shyness.
» 文構造は次の通り。

Building robotic traffic police and guides will make it easier
    S   V O C
     名詞句 ◄────────┘
[for people to overcome their shyness].

"Building" は動名詞で，"Building robotic traffic police and guides"「ロボットの交通巡査や案内係を作ること」がこの文の主語。make it easier の it は形式目的語で，"for people to overcome their shyness" を指している。"for people" は "to overcome" の意味上の主語で，「人々が〜を克服すること」という意味。**VOC** の部分は，これを it に代入するつもりで，「人々が内気さを克服することを，より容易にするだろう」と直訳することができる。

※5 When answering questions put by another person, the participants made eye contact around 30% of the time, which is not such a low percentage.
» "When answering" のように，接続詞の後に現在分詞，過去分詞，形容詞などが続いている場合は，その接続詞が分詞構文の意味合いを特定していると考えよう。本問では when を置くことで「〜したときに」の意味合いであることを明確にしている。
» which 節は非制限用法の関係代名詞節で，around 30% を先行詞とし，この数字がどの程度の数字であるかを補足説明している。

DAY 14 | ケープコースト城の歴史

正解

設問レベル1 **問1** ブラック・バートの手下の裁判として知られるようになった裁判は，現在もガーナの首都からかなり西側に建っているゾッとするほど堂々とした見た目の，崖の上にある真っ白な建物で，1722年に行われた。　**問2** ②　**問3** a wooden structure　**問4** そこはイギリス人に占拠され，そのイギリス人たちは西アフリカに対し植民地政策の長期的な興味を示し，ゴールドコースト，当時ガーナはそのように呼ばれていたが，をその後300年手放さなかった。　**問5** ④　**問6** 奴隷たちはそこから船に乗せられ，アメリカやカリブ海へと運ばれ二度と戻って来られなかったということ。　**問7** ④　**問8** (7)-① (8)-③

設問レベル2 (a)-⑨ (b)-④ (c)-⑦ (d)-⑩ (e)-⑤ (f)-① (g)-⑥ (h)-⑧ (i)-③ (j)-②

解き方

問1 「正解」参照　下線部は長いので❶ "The Trial ~ in 1722"，❷ "in the ~ building"，❸ "that ~ Ghana" の三つのパートに分けて考える。❶はSが "The Trial of Black Bart's Men" でVは "took"。カンマで挟まれている "as it came to be known" は挿入節で，「そのような名前・呼び方で知られるようになったが」ということ。この部分の和訳は，「ブラック・バートの手下の裁判として知られているようになった裁判は，1772年に行われた」となる。"take place" は「~が行われる」という意味の必須イディオムである。次に❷，"in the dauntingly ~" からの部分は品詞を押さえていくと和訳しやすい。dauntingly は「副詞」で直後の magnificent-looking を修飾し，magnificent-looking と，pure white cliff-top は形容詞として building という名詞を修飾する。したがってこの部分の和訳は，「ゾッとするほど堂々とした見た目の，崖の上にある真っ白な建物」となる。最後に❸では，that は関係代名詞で，"that ~ Ghana" までが先行詞の building を修飾し，「ガーナの首都のかなり西側に建っている」と訳せる。ちなみに，well は直後の "to the west ~" を修飾しているので「かなり西側」と訳せば良い。

ここまででパーツが出そろったので，まず❷と❸を合わせると，「現在もガーナの首都からかなり西側に建っているゾッとするほど堂々とした見た目の，崖の上にある真っ白な建物」となる。この部分は副詞句なので，took place を修飾するように❶と組み合わせると，「正解」に示した解答例のようになる。

問2 ②　下線部の it は "it is ~ who" で強調構文を作っている。選択肢については，①の it は "for you to go there by train" を指す形式主語。②の it は it was ~ that の強調構文を作る。③は時間，④は距離を表す it。

DAY 14

問3 a wooden structure　文脈を追っていくと，スウェーデン人が最初に木造建築を建て，その後，それがデンマーク人の手に渡ったということなので，この it は a wooden structure とするのが最適。

問4　正解 参照　まず，it は a wooden structure であるが，ここでは無理に訳出する必要はなく，「それ」と訳せば良いので，"it ~ British" までは「それはイギリス人によって占拠された」と訳せる。その後 ", who ~" からはイギリス人がどのような人だったかを説明している。who より後ろに関しては，"— as Ghana was then called —" の部分はダッシュで挟まれた挿入節であり，"who had an enduring colonial interest in West Africa and held on to the Gold Coast for the next three hundred years" の部分は "had" と "held on to" が and でつながれている。"had an enduring colonial interest" の部分は，enduring も colonial も形容詞で interest を修飾しているので，それが分かるように訳すと，「(イギリス人は)西アフリカに対し植民地政策の長期的な興味を示し，その後300年間ゴールドコーストを手放さなかった」となる。最後に "— as Ghana was then called —" を日本語に訳し，元々あった場所に付け足せばよいので，「その後300年間，ゴールドコースト，当時ガーナはそう呼ばれていたが，を手放さなかった」とすれば良い。

> **ポイント**
> **ダッシュやカンマで挟まれた部分の処理**
> ≫カンマやダッシュで挟まれた語・句・節は「挿入語・挿入句・挿入節」と呼ばれる。挿入部はその文の文型には関係ないので，まずはいったん飛ばして文型をおさえる。挿入部を訳す際は，基本的に英文と同じ位置に和訳を入れれば良い。
> Smoking in this area, **as far as I know**, is not allowed.「この場所での喫煙は，**私が知る限りでは**，許されていない」
> **太字部分**が挿入部。この文の文型は Smoking が **S**, is not allowed が **V**。ただし，カンマで挟まれていれば必ず挿入というわけではなく，下記のように並列関係などの場合もあるのでしっかり文意を見抜くことも大切。
> Vitamin B can regulate the kidneys, liver and nervous system, assist with skin disorders and boost energy.「ビタミンBは肝臓，<u>腎臓</u>，<u>神経組織</u>を調整し，肌の不調を助け，活力を高める」
> 下線部は挿入ではなく，"the kidneys, liver and nervous system" が regulate の目的語となっている (regulate, assist, boost は並列関係にある)。

問5　④　空所の直後にあるコロン (:) は「具体的な話を始めるサイン」なので，直後の文が空所 (5) を含む文の具体例と考えられる。直後の文は「ケープコースト城は〜だが，それは最も〜のようにデザインされた」とあるので，「建物のデザインの事」を述べていると分かる。したがって「外見・様子」という意味を表す appearance が正解と分かる。

問6　正解 参照　直後の "through which ~" の部分に，このドアを通り抜けると，奴隷たちにどのようなことが起こるかが書かれているので，この部分をまとめればよい。「船に乗せられ」「アメリカなどに運ばれた」というのは解答に必ず含まれなければならない。また "door of no return" の "no return" のニュアンスを表すために，「二度と戻って来られない」と付け加えるとさらに良

い解答になる。

問7 ④ ①はデンマーク人が海賊行為でオグアを征服したとは書かれていない。②は，ll.16 〜 17 (Though . . . hundred) の内容と合致せず。③は ll.21 〜 23 (The . . . slavery) の内容と合致せず。④は ll.17 〜 20 (The . . . visitors) の内容に合致。

① デンマーク人は，冒険好きなスウェーデン人に続き，海賊行為を通じてオグアを征服した。
② イギリスの植民地政策が終わりを告げた時に奴隷制度も終焉を迎えた。
③ アメリカの大統領は自分の家族のルーツをたどるためにその城を訪れた。
④ イギリスは奴隷制度の象徴だった建物を観光地に変えることに成功した。

問8

(7) - ① magnificent [mægnífəsnt]「壮大な」。第2音節にアクセント
① communicate [kəmjúːnəkèɪt]「伝える」。第2音節にアクセント
② independence [ìndɪpéndəns]「独立」。第3音節にアクセント
③ sympathetic [sìmpəθétɪk]「同情する」。第3音節にアクセント
④ democratic [dèməkrǽtɪk]「民主主義の」。第3音節にアクセント

(8) - ③ private [práɪvət]「私的な」。第1音節にアクセント
① canal [kənǽl]「運河」。第2音節にアクセント
② advise [ədváɪz]「助言をする」。第2音節にアクセント
③ effort [éfərt]「努力」。第1音節にアクセント
④ percent [pərsént]「パーセント」。第2音節にアクセント

読み下し訳 ≫完全和訳文は別 p.29 参照。

❶ The Trial of Black Bart's Men, as it came to be known, took place in 1722,
／ブラック・バートの手下の裁判は，／その／それは／知られるようになったが／行われた／1722年に，
ように

in the dauntingly magnificent-looking, pure white cliff-top building that still stands
／ゾッとするほど荘厳な外観の，真っ白の崖の上の建物で ／その／今でも建って
建物は／いる

well to the west of the capital of Ghana: the famous Cape Coast Castle.
／ずっと西（ガーナの首都の）に行ったところに）． ／（すなわち）かの有名なケープコースト城を．

*1 It was adventurous Swedes who first built a wooden structure
／それ(whoは／冒険好きなスウェーデン人たちだった／彼ら／初めて／木造の建造物を
下の内容)は は／建てた

here, near a coastal village named Oguaa, as a centre for gold, ivory, and lumber trading:
／ここ，沿岸の村（オグアという名前の）の近くに ／中心地（金と象牙と木材の貿易の）として．

*2 it next passed into the hands
／そして／今度は渡った／手中に
それが

DAY 14

of another unlikely Scandinavian colonizing power, the Danes; and then in 1664, it
(植民地化をすすめる, 別の信じられないほど強力なスカンジナビア人の勢力, デンマーク人の)。/そして/それから/1664年に, /それは

was captured by the British, who had an enduring colonial interest in West Africa and
/占拠された /イギリス人によって, /彼らは/持っていたのだ/長期的な植民地支配の興味を /西アフリカに対して /そして

held on to the Gold Coast — as Ghana was then called — for the next three hundred years.
/しがみついた /ゴールドコースト (そのようにガーナは当時呼ばれていた) に /その後の300年間。

※3
At the beginning — and at the time of the piracy trial — the Castle became
当初, /そして海賊の裁判の時代に, /ケープコースト城はなった

the regional headquarters of the Royal African Company of England,
/その地域の本部 (イギリス王立アフリカ会社の) に,

the private British company that was given "for a thousand years"
/ (その会社は) イギリスの私企業で (そこは/与えられた /『1,000年間』

a British government monopoly to trade in slaves over the entire 2,500-mile Atlantic coastline
/英国政府の独占権 (売買するための/奴隷を /2,500マイルの大西洋沿岸線全体に渡って

from the Sahara to Cape Town.
/サハラ砂漠からケープタウンまでの) を)。

※4
❷ Though the monopoly ended in 1750, slavery endured another sixty years and
〈~だが /その独占権は /終わった/1750年に,〉/奴隷制度は /続いた /さらに60年 /そして

British colonial rule for another two hundred. The British turned the Castle
/イギリスの植民地支配は (続いた) /さらに200年間。 /イギリス人は /変えた /ケープコースト城を

※5
into the imposing structure that remains today — and it
/印象的な建造物に (それは/残っている/こんにち)。/さらに /それは

has become sufficiently well known and well restored that it attracts
/十分有名かつしっかり修復された状態になっている /ので /それは /招いている

large numbers of visitors, including many African-Americans who naturally have
/たくさんの訪問者を, /多くのアフリカ系アメリカ人を含む (彼らは/当然ながら持っている

※6
a particular interest in its story. The American President, Barack Obama, visited
/特別な関心を /その物語に)。 /アメリカ大統領, バラク・オバマ氏は /訪れた

with his family in 2009, to see and experience what remains
/家族とともに /2009年に, /見て感じるために /依然として~であるものを

one of the world's most poignant physical illustrations of the evils of slavery.
/世界で最も痛ましい物理的実例の一つ (奴隷制度の弊害の))。

❸ The dire reputation of the place is reinforced by its appearance: though Cape Coast Castle
この場所の悲惨な評判は /増強されている /その外観によって。 (すなわち) 〈~だけれども /ケープコースト城は

is the smallest of the three surviving slaving forts on the Bight of Benin, it was designed
/三つの現存する奴隷売買の交易市場 (ベニン湾沿いの) のなかで最も小さい,〉 /それは /設計されていた

DAY 14

to be by far the most austere and forbidding. It*⁷ also has the infamous "door of no return"
/飛びぬけて簡素で近寄りがたくあるように。 それは /〜も持っている /忌まわしい『戻れない扉』

through which tens of thousands of hapless African men, women and children were led
(そこを通って 何万人もの不運なアフリカ人の男女や子供たちが /連れて行かれた

in chains and shackles onto the ships that then crossed
/鎖や枷をはめられて /船上へ (その船は /それから渡り

the Atlantic's infamous Middle Passage, eventually bringing those who survived
/大西洋の忌まわしい中間航路を, /最終的には連れて行った /人々を (その人たちが /生き延びた

the rigours of the journey to the overcrowded quarters of eastern America and the Caribbean.
/その旅の苦しみを) /人口過多の地区（東部アメリカやカリブ海の）へ)。

構文解説

＊1 It was adventurous Swedes who first built a wooden structure here, near a coastal village named Oguaa, as a centre for gold, ivory, and lumber trading: ...

≫ "It was ~ who . . ." 「…したのは〜だった」という強調構文。who 以下は build + O +場所を表す副詞句 (-) + as . . . 「…として〜に O を建てる」という構造になっている。O = a wooden structure, 場所を表す副詞句= here, near a coastal village named Oguaa, as 以下 =a centre for gold, ivory, and lumber trading (gold, ivory, lumber が並列関係で形容詞的に trading を修飾している) である。

＊2 it next passed into the hands of another unlikely Scandinavian colonizing power, the Danes

≫ "another unlikely Scandinavian colonizing power" の直後にあるカンマは「同格のカンマ」と呼ばれ, another unlikely Scandinavian colonizing power = the Danes ということ。

＊3 At the beginning — and at the time of the piracy trial — the Castle became the regional headquarters of the Royal African Company of England, the private British company that was given "for a thousand years" a British government monopoly to trade in slaves over the entire 2,500-mile Atlantic coastline from the Sahara to Cape Town.

≫ 文構造は次の通り。

〈At the . . . trial —〉 the Castle became the regional headquarters of . . .
　　副詞句　　　　　　　　S　　　　V　　　　　　　C

ダッシュで挟まれている "and ~ trial" は挿入句で, 副詞句。"the Royal African Company of England" の直後にあるカンマは同格で, the Royal African Company of England = the private British company 〜 である。the private British company の直後の that は関係代名詞で, その後は "was given +期間を表す副詞句(-) + O"「〜の間, O を与えられた」という構造になっている (O = a British government monopoly)。どういう monopoly「独占権」かの説明は "to trade ~ Cape Town" で示されている。

＊4 Though the monopoly ended in 1750, slavery endured another sixty years and British colonial rule for another two hundred.

≫ "British colonial rule" の直後に endured「続いた」が省略されている。

slavery endured 〈another sixty years〉
　S₁　　　V₁　　　　副詞句

and

British colonial rule (endured) 〈for another two hundred〉
　　S₂　　　　　　　　V₂　　　　　　副詞句

DAY 14

「期間」を表す前置詞 for は省略されることがよくある。

*5 it has become sufficiently well known and well restored that it attracts large numbers of visitors, including many African-Americans who naturally have a particular interest in its story.

» "sufficiently ~ that . . ." が "so ~ that . . ." 構文と似た働きをして,「十分に～なので…」という意味を成している。

» including ~ は分詞構文から派生した前置詞で「～を含めて」という意味。

*6 The American President, Barack Obama, visited with his family in 2009, to see and experience what remains one of the world's most poignant physical illustrations of the evils of slavery.

» "to see ~" の不定詞は「目的」を表す用法である。名詞節 "what ~ slavery" は see と experience の共通の目的語となっている。もちろん, "what ~ slavery" が意味する「依然として奴隷制度の弊害の世界で最も痛ましい物理的実例の一つであるもの」とは Cape Coast Castle のことである。

*7 It also has the infamous "door of no return" through which tens of thousands of hapless African men, women and children were led in chains and shackles onto the ships that then crossed the Atlantic's infamous Middle Passage, eventually bringing those who survived the rigours of the journey to the overcrowded quarters of eastern America and the Caribbean.

» 文頭の it は Cape Coast Castle を指す。

» through which の先行詞は "the infamous door of no return" で, この関係詞節は文末まで。先行詞は特定されている名詞なので, 本来は "the infamous 'door of no return', through which . . ." のようにカンマを入れて継続用法とすべきところ。訳す場合は, 頭から訳し下ろしてよい。

» the ships that の that は関係代名詞で, 先行詞は the ships。関係詞節は文末まで。the ships がどういう船かを限定する節が続くので, 限定用法の関係代名詞 that が使われているが, 内容的には "led . . . onto the ships" して, その後(then), この船は "crossed the Atlantic's infamous Middle Passage" したとあるので, 無理に後ろから前に訳し上げずに, 頭から訳し下ろして構わない。

» bringing は分詞構文で, 意味上の主語は the ships。"主節(A), 分詞構文(B)"「A して, それから B する」のパターン。"bring C to D"「C を D へ連れて行く」という構造になっている (C = those who survived the rigours of the journey, D = the overcrowded quarters of eastern America and the Caribbean)。

DAY 15 | 良いリーダーの条件

正解

設問レベル1 問1 (1)-① (2)-① (3)-② (4)-④ (5)-③ (6)-④ (7)-② 問2 言葉や政策を通して国民の意志に影響を与え強める能力。(26字) 問3 ・目標に対して定まった長期の視点を持っていること。(24字) ・目標を達成する新しく柔軟な方法を持っていること。(24字) 問4 しかしながら、彼が成功した指導者になったのは、彼の政策によるだけでなく、それらの政策を実行可能にした柔軟性によるものであった。 問5 (8)-① (9)-②

設問レベル2 (a)-③ (b)-⑧ (c)-⑥ (d)-① (e)-② (f)-⑤ (g)-⑦ (h)-④

解き方

問1

(1)-① 前文に What allows them to stand out from others?「何が彼ら[=リーダー]が他者よりも突出することを許しているか」とあり、空所を含む文は「突出することを許す」要素をいくつか挙げている文だと考えると①の come to mind「思い浮かぶ」が自然。

(2)-① 空所の前までは、「自分の力を利用して、自分の身の丈を越えて長期目標の達成に目を向けられる」とあり、空所の後に「他者の力」とあること、さらに with にも着目すると、①の combined「組み合わされた」が適切。with があるので③ and や④ plus は入らない。

(3)-② 空所を含む文は their values and goals が主語、steady and unchanging が補語になるので **SVC** の **V** にふさわしい動詞を選ぶ。次の文以下の内容に自然につながるのは②の remain。

(4)-④ 空所の直後に and improvements とあり、「and の前後の表現は似た内容になる」のではないかと考える。improvement「改善」と似た意味になるのは④の corrections「訂正」。

(5)-③ 空所の直前の such as ~ は「名詞(抽象的内容) + such as + 名詞(具体的内容)」で用いる。空所には名詞 leadership を受ける代名詞が入る。

(6)-④ do A's best「最善を尽くす」。A には人を指す代名詞が入る。最善を尽くすように奮起させるのは those around them「指導者の周りにいる人々」なので、彼らを受ける代名詞の their が適切。

(7)-② 空所の直前の前置詞 without に続くのは動名詞。compromise の変化形を入れることになるが、空所の直後には their moral standards「彼らの道徳の基準」という名詞句があるので、能動態の compromising が適切。

問2 「正解」参照 ll.12~14 に what made Churchll a great leader was ~「チャーチルを偉大な指導者にしたものは~」と述べられており設問の対応箇所にふさわしい。his ability to influence and strengthen the will of his people through his words and policies を30字以内にまとめる。

問3 「正解」参照　ll.20〜21 に Successful leaders not only have ~; they also have . . .「成功をおさめた指導者は〜を持っているだけではなく，…も持っている」とあるので，この文を設問の対応箇所だと考える。have a fixed, long term perspective on goals, have new and flexible ways of achieving those goals の部分をそれぞれ 25 字以内でまとめる。

問4 「正解」参照　it is ＋ A(名詞) ＋ that ＋ 不完全文(~) はいわゆる強調構文で，「〜なのは A だ」と訳出する。本問の場合 that が二つあるが，二つ目の that が強調構文で使われる that で，that allowed 〜 policies の部分は his flexibility を先行詞とする関係代名詞節である点に注意。S ＋ allow ＋ O to do(~)「(S は O が〜することを許す→)S によって O は〜できる」，carry out ~「〜を実行する」。

　この強調構文は，not only A but also B「A だけではなくて B も」を強調している。

　　It is not only A but also B that made him a successful leader.

強調構文を外して，ふつうの文にすると次のようになる。

　　Not only A but also B made him a successful leader.
　　　　　　　S　　　　　　　　V　　O　　　　C

S ＋ make ＋ O ＋ C は「S は O を C にする」で，S が無生物の場合は「S によって O は C する」と意訳すると自然な日本語になることが多い。

ポイント

無生物主語

》主語が「人以外」の場合を**無生物主語**という。主語が無生物になっている場合，「S によって」と「S を副詞的に，O を主語的に」意味をとっていく方が断然内容が理解しやすくなる。
Their help enabled me to finish the work.「**彼らの助けによって**[のおかげで]私はその仕事を終わらせることができた」
Five minutes' walk will bring you to the station.「**5 分歩くことによって**[歩けば](あなたは)駅に着くよ」
無生物主語の文に慣れてきたら，訳例の [　　] に示したように「S によって」の部分を英文の内容に合わせていろいろ訳しかえることも意識しよう。

問5

(8) - ① allow [əláu]「許す」
① drown [dráun]「溺れ死ぬ」
② growth [gróuθ]「成長」
③ throw [θróu]「を投げる」

(9) - ② certain [sə́ːrtn]「確かな，ある」
① maintain [meintéin]「維持する」
② curtain [kə́ːrtn]「カーテン」
③ entertain [èntərtéin]「を楽しませる」

DAY 15

読み下し訳 ≫完全和訳文は別p.31 参照。

❶ What are the qualities of good leaders? What makes them successful? Think
　/何だろうか　/良いリーダーの資質とは。　/何が　/するのか　/彼らを　/成功した状態に。考えよう

of some of the greatest leaders of all time. What allows them to stand out from others?
/何人かの最も偉大なリーダーたち（史上）について。　/何が　/許しているのか　/彼らが　/目立つことを　/他者よりも。

Words such as "heroic," "inspiring," and "flexible" come to mind. These
/言葉（「英雄的」、「鼓舞するような」、「柔軟な」といった）が　/思い浮かぶ。　/これらは

are all leadership qualities, but what really makes for a strong and successful leader?
/みなリーダーの資質である、　/しかし/何が　/実際に生み出すのか　/強力で成功したリーダーを。

❷ Successful leaders are able to influence others. They are able to manage
　/成功したリーダーは　/影響を与えることができる　/他者に。　/彼らは　/使うことができる

relationships with others to create positive results. They use their unique qualities to inspire
/他者との関係を　/生み出すために　/プラスの結果を。　/彼らは　/利用する　/彼の特異な資質を　/奮起させて（～させる）ために

a staff, a team, or a nation to achieve goals. They can see beyond themselves to look
/スタッフ、チーム、あるいは国に　/達成させる　/目標を。　/彼らは　/見ることができる　/自分たちの先を　/目を向けるために

at achieving long-term goals by utilizing their strengths combined with the strengths of others.
/達成することに　/長期の目標を　/利用することで　/彼らの強さ（他者の強さと結び付けられた）を。

Winston Churchill is thought by many to be one of the greatest leaders in history.
/ウィンストン・チャーチルは　/考えられている　/多くの人によって　/最も偉大なリーダーの一人であると　/史上。

He was a talented speaker and lawmaker, but what made Churchill a great leader
/彼は　/才能のある演説家かつ立法者であった、　/しかし　/[～にしたもの　/チャーチルを　/偉大な指導者に]は

was his ability to influence and strengthen the will of his people
/彼の能力　（影響を与え、強める　　　/彼の国民の意志を

through his words and policies.
/彼の言葉と政策を通して）であった。

❸ Leaders assist in change, but their values and goals remain steady and unchanging. They
　/リーダーは　/力を貸す　/変化に、　/しかし/彼らの価値観と目的が　/ゆるぎなく、不変のままである。　/彼らは

have a fixed and unchanging purpose that keeps them focused on a certain goal or objective
/持っている　/不動で不変の目的を　　　　　　（それは　/保つ　/彼らを　/集中している状態に　/特定の目標あるいは目的に）

in spite of problems or difficult conditions. Despite hardships, they keep
/問題や困難な状況にもかかわらず。　　　　/困難にもかかわらず、　/彼らは/保つ

their original, clearly defined goals in mind.
/彼らの元々の明確にされた目標を　　　/心の中に。

❹ Successful leaders not only have a fixed, long-term perspective on goals; they also have
　/成功するリーダーは　/持っているだけでなく　/不動で、長期の見通し（目標に関する）を、　/彼らは/～も持っている

new and flexible ways of achieving those goals. They are flexible in their approach and are prepared to make corrections and improvements along the way: leaders "bend but don't break." Churchill allowed his belief in democracy and freedom to direct his wartime thinking and policies. However, it was not only his policies, but also his flexibility that allowed him to carry out those policies that made him a successful leader.

❺ Finally, leadership such as that demonstrated by Churchill is about inspiring others to do the right thing. They are not only able to inspire those around them to stretch and do their best to fulfill the group mission. They are also able to inspire those around them in order to achieve desired results without compromising their moral standards. As business expert Peter F. Drucker said: "Management is doing things right; leadership is doing the right things."

構文解説

※1 What makes them successful?
» "make + O + C" は「O を C にする」で，直訳すると「何が彼らを成功を収めた状態にするのか」だが，主語が無生物主語の what なので，「どうやって彼らは成功を収める[権力を得る]のか」と訳すとより自然な日本語になる。

※2 What allows them to stand out from others?
» "S + allow + O to *do*(~)" 「S は O が〜することを可能にする」の S が無生物の場合，「S によって O は〜できる」と訳すと内容を把握しやすい。「なぜ彼らは他者から抜きん出ることができるのか」と訳すとより自然な日本語になる。

※3 They use their unique qualities to inspire a staff, a team, or a nation to achieve goals.
» to inspire は目的を表す副詞的用法の不定詞で，"to inspire ~ goals" は use にかかる。use ~ to *do*(...) で「…するために〜を利用する」。*cf.* use ~ for + 名詞/動名詞(...)「…(する)のために〜を利用する」
» inspire + O + to *do*(~)「O を奮起させて〜させる」。inspire は「奮起させる，鼓舞する」などと訳されるが，平たく言うと「『〜したい，〜するぞ』という気持ちにさせる」ということ。

*4 They have a fixed and unchanging purpose that keeps them focused on a certain goal or objective in spite of problems or difficult conditions.

≫ 文構造は次の通り。

They have a (fixed and unchanging) purpose 〈形容詞〉
S V O
(形容詞節) (that keeps them focused 〈on a certain goal or objective〉
　　　　　　S₁　V₁　O₁　C₁　　　　副詞句
　　　　　　〈in spite of problems or difficult conditions〉).
　　　　　　　　副詞句

fixed と unchanging はそれぞれ purpose を修飾する分詞由来の形容詞。that 節は purpose を先行詞とする関係代名詞節。keep + **O** + **C**「**O** を **C** の状態に保つ」、focused on ~「~に集中している」(focused は過去分詞由来の形容詞)で、"keeps them focused on ~" は「彼ら[= リーダーたち]を~に集中している状態に保つ」ということ。goal と objective はともに「目標、目的」の意味。goal は広く「目標、目的」の意味で用い、objective はそれよりも堅い語で、特にビジネスや政治などにおける「目標、目的」を表すことが多い。本問では certain goal を or で objective と言い換えている。in spite of ~「~にかかわらず」、of の目的語は problems と difficult conditions。problems と difficult conditions もほぼ同じ意味。

*5 Successful leaders not only have a fixed, long-term perspective on goals; they also have new and flexible ways of achieving those goals.

≫ セミコロン（;）は二つの節をつなぐ等位接続詞(and, or, but, for, so など)の代わりに用いる。本文では not only A but also B「A だけではなく B も」の but の代わりに用いている。

著者紹介

内川貴司 Takashi Uchikawa

1976年生まれ。大学在学中より英語を教え始める。大手進学塾に就職後、高校部英語科教務責任者などを担当。現在は秀英予備校、栄光ゼミナールナビオなどの大手予備校や、都内私立高校にて講師を務めている。高1生から既卒生まで、高校英語入門レベルから早慶難関国公立レベルまであらゆるレベルを担当し、高い評価と信頼を得ている。高校時代、英語で苦労した経験を基に「受講生の目線に立った確実に実力がつく」授業と学習指導を目指して日々研鑽している。

武藤一也 Kazuya Muto

1986年生まれ。大学在学中に約1年間オーストラリアへ留学し、帰国後、本格的に英語を教え始める。メーカーの営業マンとして働くが、授業への情熱が忘れられず塾・予備校業界に戻り、現在は東進ハイスクール・東進衛星予備校などの大手予備校や群馬大学などで講師を務め、「英語専門塾えいもん」も主宰している。英検1級。TOEIC990点満点。著書に、『高校英文読解をひとつひとつわかりやすく。』(学研教育出版)『できる人の「英会話手帳」』(三笠書房) がある。

これだけはおさえておきたい GMARCH合格英語講座

学習院・明治・青山学院・立教・中央・法政の入試問題を著者の内川先生と武藤先生がとことん分析した「これだけはおさえておきたいGMARCH合格英語講座」がメルマガ(毎週)とwebラジオ(隔週)にて好評配信中。英語の本質を学びつつ、自然や応用力もつくメルマガ・ラジオはともに無料。ぜひご登録を!

🔍 GMARCH合格英語講座

イチから鍛える英語長文300

著者	内川貴司 武藤一也
ブックデザイン	相京厚史 (next door design)
カバーイラスト	トミイマサコ
本文イラスト	越井 隆
編集協力	吉川 肇 高木直子
校正	石川道子
企画編集	髙橋龍之助
データ作成	株式会社四国写研
印刷所	株式会社廣済堂

Reading Comprehension for
University Entrance Exams - 300words

イチから鍛える
英語長文
300
別冊[トレーニングブック]

Gakken

Reading Comprehension for University Entrance Exams - 300words

イチから鍛える
英語長文
300

別冊「トレーニングブック」

Gakken

音読練習 DAY 1 | ブロッコリーの効用

Truck number 1

❶ I hate broccoli. I could easily live the rest of my life without ever eating another piece of broccoli again. Yet I now eat broccoli every day. I do this because broccoli is absolutely the best food for losing weight.

❷ The first reason broccoli is a good diet food is that it is rich in nutrients. Like all green vegetables, broccoli is full of vitamin A. In addition, a cup of broccoli has as much vitamin C as a whole orange. Vitamin C helps your body burn fat. Broccoli also contains large amounts of other vitamins and minerals. This is important for dieting because your body needs nutrients, and if you don't get enough of them, you want to eat more. Therefore, by eating broccoli you become satisfied sooner and eat less.

❸ While broccoli is very high in nutrition, it is also low in calories. One hundred grams of boiled broccoli contain only 35 calories. The combination of broccoli's large bulk and low calorie count leads some people to call it a "negative calorie food." This supposedly means that your body spends more calories digesting these foods than it gets from eating them.

❹ Most importantly, broccoli is full of fiber. Half of the fiber in broccoli is soluble, meaning it dissolves in water, and the other half is insoluble. Both kinds of fiber are necessary for good health. Soluble fiber lowers your LDL cholesterol and reduces the risk of heart disease. It also makes the broccoli slow to digest, so you feel full longer. The insoluble fiber in broccoli helps clean out your system, prevents constipation, and removes waste from your colon. Thus, having both kinds of fiber makes broccoli an especially beneficial food to eat.

❺ In conclusion, broccoli is a great food for losing weight. Its high nutrition content, low calories, and fiber make it perfect for both dieting and health. Even though I don't really like its taste, it has so many benefits that I now eat it every day.

大意

❶ 私はブロッコリーが嫌いだ。ブロッコリーなど二度と食べなくても、残りの人生を容易に生きることができるだろう。しかし今では、私は毎日ブロッコリーを食べている。私がそうする理由は、ブロッコリーが減量には断然最適な食品だからだ。

❷ ブロッコリーがよいダイエット食品である一つ目の理由は、栄養素が豊かな食べ物であるということだ。青野菜のように、ブロッコリーにはビタミンAがたくさん含まれている。加えて、カップ一杯のブロッコリーはオレンジ丸々一個分と同じくらいビタミンCを含んでいる。ビタミンCは脂肪の燃焼を助ける。また、その他のビタミンやミネラルも大量に含んでいる。このことはダイエットにとって重要で、なぜなら、体は栄養素を必要としており、もし栄養素が十分に摂取できないと、もっと食べたくなるからだ。したがって、ブロッコリーを食べることで、いつもよりも早く満足感を得られ、食べる量が減るのだ。

❸ ブロッコリーは栄養満点でありながら、その上カロリーは低い。ゆでたブロッコリー100グラムは35kcalしかないのだ。ブロッコリーは容量は大きくカロリーは低いので、「負のカロリー食品」と呼ぶ人もいる。これはおそらく、ブロッコリーを食べることで得られるカロリーよりも、こういった食品を消化するのに使うカロリーのほうが多い、という意味であろう。

❹ 最も重要なのは、ブロッコリーは食物繊維が豊富だということだ。ブロッコリーに含まれる食物繊維の半分は水溶性、すなわち水に溶けるが、あとの半分は不溶性である。水溶性と不溶性の両方の食物繊維が健康には必要である。水溶性食物繊維はLDLコレステロールを減らし、心臓病の危険性を減らす。水溶性食物繊維は、ブロッコリーの消化速度を遅くもするので、満腹感をより長く感じる。ブロッコリーに含まれる不溶性の食物繊維は、体を掃除し、便秘を防ぎ、大腸から老廃物を取り除く助けをする。したがって、両方の種類の食物繊維が含まれることで、ブロッコリーは食べると特に体に良い食品となっている。

❺ 結論として、ブロッコリーは減量するのには非常に良い食品である。その高い栄養含有量、低カロリー、そして食物繊維のおかげで、ブロッコリーはダイエットと健康の両方にとって完璧な食品になっている。私はあまりその味が好きでないだが、ブロッコリーには非常にたくさんのメリットがあるので、私は今では毎日食べているのだ。

音読練習 DAY 2 | 動物園で消費される象　　　Track number 2

❶　Zoos are consuming elephants, says a team of researchers who have compared the animals kept in zoos with animals living in the wild. The findings showed that the life expectancy of elephants in a zoo is significantly shorter than those in African wild places. Despite the fact that elephants in zoos receive care and that there are not any enemies there, death rates in Western zoos are greater than birth rates, which makes the elephant population of the zoos unsustainable.

❷　According to researchers, efforts to breed elephants have been tried in European zoos for the last ten to twenty years. The researchers believe keeping elephants in a zoo helps us understand the animals' behavior so that wild elephants can be managed better.

❸　The researchers collected data, and looked at 800 female elephants kept in European zoos between 1960 and 2005. They compared their survival to that of female African elephants in Kenya's Amboseli National Park, where many endangered animals and wildlife live. Female African elephants live on average 16.9 years in zoos, compared to 56 years in Amboseli National Park. When the researchers added factors of human-caused deaths in the park, the average lifespan was 36 years, which is still significantly longer than that in zoos.

❹　There are a few reasons. In the first place, zoo elephants have a far smaller space so they get less exercise. Zoo food is different from that in the wild, and is much easier to obtain, which could make zoo elephants overweight. Secondly, there is a considerable amount of stress on elephants kept in a zoo. In the wild, families of elephants stay together forever and are led by a mother elephant. In zoos, female elephants are moved from one zoo to another every seven years on average. It is said that elephants are more likely to die after a transfer to a new zoo.

❺　The researchers say they need more research data on the causes. They would like to stop importing elephants from Asia and Africa to Western zoos. They also would like to see transfers between zoos kept to a minimum.

大意

❶ 動物園は象を消費している。と、動物園で飼われている動物を野生に生きる動物と比較してきたある研究チームは言う。彼らの研究結果によると、動物園の象の平均寿命はアフリカの野生の象よりも著しく短い。動物園の象は世話を受け、敵がまったくいないという事実にもかかわらず、欧米の動物園における死亡率は出生率よりも高く、そのため動物園の象の数が維持できなくなっている。

❷ 研究者らによると、ヨーロッパの動物園では象を繁殖するための努力が過去10～20年行われてきた。この研究者らは、動物園で象を飼うことは象の行動を理解するのに役立ち、その結果、野生の象をより適切に管理できるようになる、と考えている。

❸ 彼らはデータを集め、1960年から2005年の間にヨーロッパの動物園で飼育された800頭のメスの象を調べた。その象たちの生存年数を、多くの絶滅の危機に瀕した動物や野生生物が生きる、ケニアのアンボセリ国立公園のメスのアフリカ象の生存年数と比べたのだ。メスのアフリカ象は、動物園では平均16.9年生きるが、それと比べてアンボセリ国立公園の象は56年である。公園内で人的原因で死亡した要素を加えた場合でも、平均寿命は36年で、これは依然として動物園の象の寿命より著しく長いものである。

❹ 理由はいくつかある。第一に、動物園の象のスペースは（野生の象より）ずっと狭いので、運動量が少ない。動物園の餌は野生のものとは違うし、それにははるかに容易に手に入れることができるので、動物園の象は肥満になる可能性がある。第二に、動物園で飼われている象にはかなりの量のストレスがかかる。野生では、象の家族はずっといっしょにいて、母親象が一家を率いる。動物園ではメスの象は平均7年ごとに動物園から動物園へと移される。象は新しい動物園に移った後で死亡する傾向が強いと言われている。

❺ この研究者らは、死亡原因に関してはもっと多くの研究データが必要だと言っている。彼らはアジアやアフリカから欧米の動物園に象を輸入することをやめさせたいと思っている。また、動物園間での象の移動を最小限にとどめたいとも思っている。

音読練習 DAY 3 | 砂漠の動植物の不思議な生態

❶　Deserts are dry because it almost never rains. Desert plants collect the rain and store it so that they can live during the dry season. Cactus plants have stems that become fat when they are full of water. They also have sharp spikes to stop thirsty animals from breaking the stems to drink the water inside. The spikes don't stop birds from making nests on the cactus plants.

❷　Like other food chains, desert food chains start with plants. Desert bats drink nectar from cactus flowers, and insects and other small animals eat leaves or seeds from desert plants. Scorpions and lizards eat insects like crickets, and other small animals. Animals that hunt and eat other animals are called predators. Some big predators in the desert are hawks, snakes, and foxes.

❸　Meerkats are desert animals that eat plants and insects, but they also eat scorpions. In their tail, scorpions have venom — a juice that can kill other animals. So how do meerkats eat scorpions and live? They quickly break off the tail and throw it away. Then it's safe for the meerkat to eat the scorpion!

❹　People can take a bottle of water with them when they visit a desert, but how do animals get water in these hot, dry ecosystems? Most desert animals don't drink water, but they get water from their food. Lizards get water from the insects that they eat, and desert tortoises get water from the plants that they eat. Desert tortoises can also store water inside their body so that they can use it later. Tortoises can live for about a year without drinking new water!

❺　A nocturnal animal is an animal that's busy at night and sleeps in the day. Most desert animals sleep or hide from the heat in the day. Some animals like desert squirrels, rabbits, and foxes, go into burrows underground. Some animals hide in caves. Then at night, when it's cool, they come out to feed or hunt. Many nocturnal animals like fennec foxes have large eyes to help them see at night. Fennec foxes also have big ears so they can hear small animals like lizards and rabbits that they hunt in the dark.

大意

❶ 砂漠は乾燥しているが，それはほぼ雨が降らないからである。砂漠の植物は乾季の間も生きられるように，雨を集め，蓄える。サボテンの茎は水分がいっぱいになると太くなる。また，そのとげは鋭く，喉の乾いた動物がサボテン内部の水分を摂ろうとして茎を壊すのを防いでいる。このとげは鳥がサボテンの上に巣を作ることは妨げない。

❷ 他の食物連鎖と同様，砂漠の食物連鎖も植物から始まる。砂漠のコウモリはサボテンの花の蜜を吸い，昆虫や他の小動物は砂漠の植物の葉や種を食べる。サソリやトカゲはコオロギなどの昆虫や，その他の小動物を食べる。他の動物を捕って食べる動物は捕食動物と呼ばれ，砂漠の大型捕食動物にはタカやヘビやキツネがいる。

❸ ミーアキャットは植物や昆虫を食べる砂漠動物だが，サソリも食べる。サソリの尾には毒――他の動物を殺すことができる分泌液――がある。ではミーアキャットはどうしてサソリを食べても生きているのか。ミーアキャットはサソリの尾を素早くちぎって捨てるのである。そうすれば，ミーアキャットがそのサソリを食べても安全なのだ！

❹ 人間は砂漠を訪れる際に水筒を持って行くことができるが，動物はこのような暑くて乾燥した生態系でどうやって水を手に入れるのか。砂漠にいる動物のほとんどは水を飲むのではなく，餌から水分を得ているのである。トカゲは餌の昆虫から水分を得，砂漠に生息するカメは餌の植物から水分を得る。砂漠のカメは後で利用できるように，体内に水分を蓄えておくこともできる。カメは新たに水を飲まなくても，およそ一年間生きることができるのだ！

❺ 夜行性の動物は，夜に忙しく，昼間は寝ている動物である。砂漠にいる動物のほとんどが，昼間は寝ているか暑さから逃れている。砂漠のリスやウサギやキツネのように，地下の巣穴に潜り込む動物もいる。なかには洞くつの中に隠れる動物もいる。その後，夜になり寒くなると，それらの動物は餌を食べたり捕ったりするために外へ出てくる。フェネックギツネのような夜行性動物の多くは大きな目をしており，そのことは夜目がきくことに一役買っている。フェネックギツネは，暗闇の中で捕まえるトカゲやウサギのような小動物の物音を聞き取れるように，大きな耳も持っている。

音読練習 DAY 4 | 嘘をつく子供は知的レベルが高い!?

❶ According to some new research, young children who tell lies early in life are more likely to do well later. Canadian child psychologists spent three years producing a study of 1,200 children aged between 2 and 14. They concluded that learning how to lie is an important step in a child's mental and social development. Only a fifth of two-year-olds tested in the study were able to lie. But 90% of the four-year-olds were capable of lying.

❷ The director of the Institute of Child Study at Toronto University said: "Parents should not be alarmed if their child tells a lie. It is a sign that they have reached an important stage in their development." The study shows that children whose mental skills develop faster tend to lie earlier. Lying involves a kind of complex mental balancing act. Children have to keep the truth at the back of their minds while they create a convincing but false story for those around them. It requires intelligence to cover up their mistakes and avoid punishment.

❸ The researchers tested the younger children by telling them they must not look at a toy that had been placed behind them. Then the researchers left the room. The children's reactions were captured on a hidden video camera which had been set up before the test. When the researchers returned they asked the child whether or not they had turned round to look at the toy. The very young children all admitted they had taken a look. But by the age of four most children claimed they had not done so, even though the video showed that they had.

❹ Of course, lying continues to play an important part in adult society. When receiving a gift, we often say, "Thank you, it's just what I wanted!" even when the gift we received is something we don't like at all. Lying to avoid hurting somebody's feelings is considered socially acceptable. But lying over serious matters, especially if people get hurt, is not.

大意

❶ ある新しい調査によると、早くから嘘をつく幼い子供は後々成功する可能性が高くなる。カナダの児童心理学者らは、3年間を費やして、2歳から14歳の年齢の1200人の子供を対象とした調査報告書を出した。彼らは、嘘のつき方を学ぶことは子供の精神的、社会的成長において重要な一歩であると結論付けた。調査対象の2歳児の場合、その5分の1しか嘘をつくことができなかったが、4歳児では90%が嘘をつくことができた。

❷ トロント大学の児童研究所の長官は、「もし子供が嘘をついても、親は不安になるべきではない。それは彼らが成長の大事な段階に到達したしるしなのである」と語る。先の調査によれば、知能の発育が早い子供ほどそれだけ早く嘘をつく傾向にある。嘘をつくことはある種の複雑な知的バランスをとる営みを含んでいる。周りの人に対して説得力はあるが虚偽の話を作りつつも、真実は隠しておかなければならない。ミスを隠して罰を避けるには知能が要求されるのである。

❸ 先の調査では、調査員が子供たちに、後ろに置かれたおもちゃを見てはいけないと言ってから部屋を出た。子供たちの反応は、このテスト前に設置しておいた隠しカメラで捉えた。調査員は部屋に戻ると、子供に、振り返っておもちゃを見たかどうかを尋ねた。かなり幼い子供たちは皆、見たと認めた。しかし、4歳くらいになると、大半の子供たちは、たとえビデオが見たことを示していても、そんなことはしていないと主張した。

❹ もちろん、嘘をつくことは大人の社会でも重要な役割を果たし続ける。贈り物を受け取った時、受け取った贈り物が全く気に入らなくても、私たちはしばしば「ありがとう。これが欲しかったんだ！」と言う。人の気持ちを傷つけるのを避けるために嘘をつくことは、社会的に容認されるとみなされる。しかし、重要な事柄に関して嘘をつき、特にもし人がそれによって傷つく場合は、社会的に容認されるとはみなされない。

音読練習 DAY 5 | インドやアフリカの映画産業事情　　Truck number 5

❶　Hollywood movies are famous all over the world. They are the most expensive movies to make and they earn the most money. However, Bollywood, based in Mumbai in India, makes more movies than Hollywood, and they are seen by more people. The name Bollywood comes from combining "Bombay", the old name for Mumbai, and "Hollywood." Bollywood movies are mostly made in the Hindi language, and most of the people who watch them are Hindi speakers living in India and other South Asian countries.

❷　Now, there is a new challenger in the movie business — Nollywood. Nollywood is the name used for movies made in Nigeria, the country with the largest population in Africa. The industry is based in Lagos, the biggest city in Nigeria. About 50 full-length movies are made every week, making Nollywood second in the world to Bollywood for the number of movies produced. It is said that the Nollywood movie business is the second biggest employer in Nigeria after the government. Unlike Hollywood and Bollywood movies, which sell millions of tickets to moviegoers each year, Nollywood movies are mostly made for home video. Lagos, with a population of around 15 million people, has only three movie theaters.

❸　Most Nollywood movies are made very quickly and very cheaply. Then they are sold in small shops and in markets. Usually, within about two weeks, illegal copies are made and the movie producers cannot sell their own copies any more.

❹　Some African people do not like Nollywood movies. They say the quality is poor. However, Nollywood movies are now the most popular in Africa. One reason for this is that most of them are made in English. There are over 500 different native languages spoken in Nigeria alone, and many more across Africa. However, all over Africa, many people can speak and understand English. This makes the movies easy to sell in different countries. Another reason for their popularity is that Nollywood movies often feature actors from other African countries. People are happy to see actors from their own country in these movies.

❺　Now, other countries like South Africa, Ghana and Kenya are developing their own movie industries. Hundreds of original African movies are being made every year, and their popularity is slowly growing in countries outside Africa.

大意

❶ ハリウッド映画は世界中で有名だ。ハリウッド映画は最も制作費のかかる映画であり，最も多くのお金を稼いでいる。しかしながら，インドのムンバイに拠点を置くボリウッドは，ハリウッドよりも多くの映画を製作しており，ハリウッドよりも多くの人たちに見られている。ボリウッドという名前は，ムンバイの旧名である「ボンベイ」と「ハリウッド」を組み合わせたことに由来する。ボリウッド映画は主にヒンディー語で作られ，その映画を見る人々のほとんどはインドや他の南アジアに住むヒンディー語を話す人々である。

❷ さて，映画ビジネスに新たな挑戦者が現れた——ノリウッドである。ノリウッドは，アフリカで最も人口の多い国であるナイジェリアで作られている映画に対して使われている名前である。その産業はナイジェリアで最大の都市であるラゴスに拠点を置いている。およそ50本の長編映画が毎週制作されており，その結果，制作される映画の数において，ノリウッドはボリウッドに次ぐ世界第二位となっている。ノリウッド映画産業は，政府に次いでナイジェリアで2番目に大きな雇い主であると言われている。映画ファンに毎年数百万枚ものチケットを売っているハリウッドやボリウッドとは違って，ノリウッド映画は主にホームビデオ向けに作られている。およそ1,500万人の人口を抱えるラゴスには映画館が三つしかないからだ。

❸ ほとんどのノリウッド映画は，非常に短い期間と安い予算で作られ，そのあと小さな店舗や市場で売られる。たいてい，およそ2週間以内で違法コピーが作られ，映画のプロデューサーは自分の映画をもはや売ることができなくなる。

❹ アフリカ人の中にはノリウッド映画が好きでない人たちもいる。質が悪いというのが彼らの言い分だ。しかしながらノリウッド映画は，現在アフリカにおいて最も人気が高い。この一つの理由は，映画の大半が英語で作られているからだ。ナイジェリアだけでも500を超える異なる母語が話されており，アフリカ中だと(それよりも)はるかに多くなる。しかしながら，アフリカ中で多くの人々が英語を話し理解することができる。これによってさまざまな国でノリウッド映画が売りやすくなっている。ノリウッドの人気のもう一つの理由は，ノリウッド映画がナイジェリア以外のアフリカの国の俳優も主役にすることが多いということだ。人々はそういう映画に出ている自分の国出身の俳優を見て喜ぶのである。

❺ 今や，南アフリカやガーナやケニヤといった他の国々が，その国独自の映画産業を展開しつつある。何百ものオリジナルのアフリカ映画が毎年作られており，その人気はアフリカ以外の国々でゆっくりと高まってきている。

音読練習 DAY 6 ｜ スキルの有無と収入格差

❶ "The rich get richer, and the poor get poorer." Like many sayings, this one is not always true, but recently it has been. Many studies in the United States have documented that the earnings gap between high-skilled and low-skilled workers has increased over the past two decades. Figures show that in 1976, college graduates earned on average 55 percent more than high school graduates; in 1994, they earned 84 percent more. The economic incentive to stay in school is as great today as it has ever been.

❷ Why has the gap in earnings between skilled and unskilled workers risen in recent years? No one knows for sure, but economists have proposed two explanations. Their first explanation is that international trade has altered the relative demand for skilled and unskilled labor. For example, imports into the United States have risen from 5 percent of total U.S. production in 1970 to 13 percent in 1995. Exports from the United States have risen from 6 percent of total U.S. production in 1970 to 11 percent in 1995. Because unskilled labor is plentiful and cheap in many foreign countries, the United States tends to import goods produced with unskilled labor and export goods produced with skilled labor. Thus, when international trade expands, the domestic demand for skilled labor rises, while the domestic demand for unskilled labor falls.

❸ The second explanation is that changes in technology have altered the relative demand for skilled and unskilled labor. Consider, for instance, the introduction of computers. Computers raise the demand for skilled workers who can use the new machines and reduce the demand for unskilled workers whose jobs are replaced by the computers. For example, many companies now rely more on databases, and less on filing cabinets. This change raises the demand for computer programmers and reduces the demand for filing clerks.

❹ Both explanations try to explain why the demand for skilled labor has risen over time when compared with the demand for unskilled labor. However, economists have found it difficult to measure the strength of these two explanations. It is possible, of course, that both are true. Increasing international trade and technological change may share responsibility for the increasing inequality we have observed in recent decades.

大意

❶ 「金持ちはより豊かに，そして貧乏人はより貧しくなる」。多くの格言のように，これも必ずしも正しいとは限らないが，ここ最近は正しい。アメリカの多くの調査が示しているように，高度なスキルを持つ労働者とそういったスキルを持たない労働者の間の収入格差は過去20年間に渡って広がっている。1976年には大学卒業者は高校卒業者より平均で55%収入が多かったが，1994年にはその差が84%だったことを数字が示している。経済的理由から（卒業せずに）学校で勉強を続けようという意欲は，これまでにないくらい高い。

❷ なぜ，スキルを持つ労働者とスキルを持たない労働者の間の収入格差が近年広がっているのだろうか？誰もはっきりとは分からないが，経済学者は二つの解釈を提案している。彼らの一つ目の解釈は，国際貿易がスキルを持つ労働力とそうでない労働力に対する相対的な需要を変えた，ということである。たとえば，アメリカの総生産に占める輸入（の割合）は1970年の5%から1995年には13%に増えた。アメリカの総生産に占める輸出（の割合）は1970年の6%から1995年には11%に増えた。多くの外国ではスキルを持たない労働力が豊富で安価なため，アメリカはスキルを持たない労働力によって生産された品物は輸入し，スキルを持つ労働力によって生産された品物は輸出する傾向がある。それゆえ，国際貿易が拡大すると，スキルを持つ労働力への国内需要は高まり，一方でスキルを持たない労働力への国内需要は落ち込むのである。

❸ 二つ目の解釈は，科学技術における変化がスキルを持つ労働力とそうでない労働力に対する相対的な需要を変えてしまった，ということである。たとえば，コンピューターの導入について考えてみよう。コンピューターは新しい機械を使えるスキルを持った労働者に対する需要を高め，コンピューターに取って代わられる仕事をしているスキルを持たない労働者に対する需要を減らす。たとえば，多くの企業が今ではデータベースに頼ることが多くなり，書類整理棚に頼ることが減っている。この変化はコンピュータープログラマーの需要を高め，書類整理係の需要を減らす。

❹ どちらの解釈も，なぜスキルを持たない労働力に対する需要と比べ，スキルを持つ労働力に対する需要が徐々に高まっているかを説明しようとしている。しかしながら，経済学者はこれら二つの解釈の説得力を計ることは難しいと思っている。もちろん，両方正しいという可能性はある。国際貿易の増加と科学技術の変化が，私たちがここ数十年で見てきた高まる不平等に対する責任の一端を担っているのかもしれない。

音読練習 DAY 7 ｜ 英国のサッカーの歴史

❶ Britain was the first country to organize sport as a national activity. In the second half of the nineteenth century, it organized and exported a number of games, notably football (soccer), rugby, hockey, lawn tennis, golf and cricket. The initial purpose behind organized sport was to provide activities for students at public schools. Such sport was generally believed to have character-building qualities for future leaders. But it was not long before local businessmen began to organize football and other sports as recreational activities for employees. Football clubs quickly appeared in towns and cities all over Britain, and football soon became a part of working-class culture. The Saturday afternoon match was an occasion which working-class men would attend, supporting their local team.

❷ By the 1970s, however, the character of football had clearly changed. One primary reason was financial. As other European countries began to surpass Britain in football, match attendance in Britain started to decline. The decrease in the number of spectators led club managers to make the games less occasions for local support and more displays of spectacular skill. The clubs were forced to seek sponsorship from businesses and begin advertising. They soon started buying and selling players for large sums of money. While in the 1960s most football heroes remained in their local communities, from the 1970s, many football stars — now earning very high salaries — moved into expensive suburbs. Because most members of the teams were no longer genuinely local people, supporters became primarily consumers, with no involvement in the clubs. By the 1980s, the growing gap between supporters and clubs had led to violence, with some supporters showing their loyalty by invading playing fields and taking control of surrounding streets.

❸ Over the last twenty years, football in Britain has changed almost beyond recognition from the game that was first played in the nineteenth century. Clubs are now primarily run as businesses, selling the rights to have their games televised and trading players for ever greater sums of money. Famous players such as David Beckham earn as much money as movie and pop stars. British football has also become a more international game, with many teams being represented by players from other European countries, and even from Africa and Japan. But whatever changes have occurred, one thing remains constant: many British children dream of playing one day for their local side.

大意

❶ 英国は国家活動としてスポーツを組織化した最初の国であった。19世紀の後半に英国は、いくつものゲーム、特にサッカー、ラグビー、ホッケー、ローンテニス(芝生で行うテニス)、ゴルフ、クリケットを組織化し輸出した。組織化されたスポーツの背後にある当初の目的は、公立学校の学生にアクティビティー(経験学習)を与えることであった。そのようなスポーツは、未来の指導者にふさわしい人格を形成する性質を持っていると一般的に考えられていたのだ。しかし、まもなく地元の実業家らがサッカーや他のスポーツを従業員の娯楽活動として組織化し始めた。サッカークラブは急速に英国中の町や都市に登場し、サッカーはすぐに労働者階級の文化の一部になった。土曜日の午後の試合は、労働者階級の男性たちがよく参加して、地元のチームを応援する場であった。

❷ しかしながら、1970年代頃には、サッカーの性質はすっかり変わっていた。主要な理由の一つは、経済的な理由であった。他のヨーロッパの国々がサッカーで英国を上回り始めるにつれて、英国における試合の観客動員は減少し始めた。観客数の減少によって、クラブの運営者らは試合を地元が応援する場よりも、見事な技術を見せる場にしていくようになった。こういったサッカークラブは企業からの資金提供を求め、広告宣伝を始めることを強いられた。クラブはすぐに多額のお金で選手を売買し始めた。1960年代、サッカーヒーローのほとんどは彼らの地元地域にとどまっていたが、1970年代からスター選手の多くが、——今では、高い報酬を得ているが——高級な郊外住宅地に引っ越した。チームのメンバーのほとんどが、もはや純粋な地元出身のメンバーではなくなったので、サポーターは主に、クラブとは何のかかわりも持たない消費者になった。1980年代頃には、サポーターとクラブの間で深まっていた溝が暴力につながり、グランドに侵入したり、周辺の通りを牛耳ることで自分たちの忠誠を示すサポーターもいた。

❸ この20年で、英国のサッカーは19世紀に初めて行われた試合の原形をとどめないくらい変わってしまった。サッカークラブは今では主にビジネスとして運営されており、試合のテレビ放映権を売り、選手をさらに高い額のお金でトレードしている。デビッド・ベッカムのような有名選手は、映画やポップスのスターと同じぐらいの額を稼いでいる。また、英国のサッカーはより国際的な試合になり、多くのチームで、他のヨーロッパの国々の選手や、さらにはアフリカや日本の選手までもが、代表選手を務めている。しかし、これまでにどんな変化が起こってきたとしても、一つ変わらないことがある。それは、多くの英国の子供たちが、いつか自分の地元のためにサッカーをすることを夢見ているということだ。

音読練習 DAY 8 | 移民の子が二つの国の文化に精通する難しさ

❶ For immigrant parents, the decision to bring up children so that they are familiar with two cultures is not as simple as the decision to let them learn two languages at home or outside the home. Children can learn a language simply by having it spoken to them and being in a situation where they are motivated to use the language for communication. However, it is much more difficult for children to learn about a culture in the same natural way. While it is possible for parents to teach their children a second language, they will not be able to teach them about a second culture without help from others and the support of society.

❷ Some immigrant parents may not even try to teach their home culture and native language to their children. For example, parents who have become integrated into the new country's society may feel that there is no need to pass on their home culture to their children who were born in the new country. This is because the challenges may just be too great, especially if the family has little or no contact with others who share the immigrant parents' background. Others may feel that it is more important for their children to be fully integrated into the new country's society. But there are still immigrant parents who believe that it is very important that their children know about their parents' home country, culture, and language.

❸ For families in which both parents come from the same country and speak the same native language, the situation is somewhat easier. Nonetheless, children still have contact with the society in which they live through activities outside the home. As a result, the competition between the parents' native culture and language and the new culture and language grows as the children get older and become more involved in the outside world.

❹ Given the great difficulties and challenges explained above, immigrant parents who want to teach their children about a second culture should think carefully about the best way to proceed. This is especially true if these parents want their children to feel equally "at home" in both countries.

大意

❶ 移民の親にとって、二つの文化に精通する子供に育てようという決断は、家庭や家庭の外で彼らに二つの言語を学ばせようという決断ほど単純ではない。子供は、単に彼らに向けて言葉を話しかけてもらったり、意志疎通のためにその言葉を使おうという気になる状況に身を置くだけで、言葉を覚える。しかし、文化を同様の自然な方法で学ぶことは、子供にとってはるかに難しい。親が子供に第二言語を教えることは可能だが、親が、他人からの助けや社会の援助なしに子供に第二文化を教えることはできないだろう。

❷ 祖国の文化や母語を子供に教えようとすらしない親もいるかもしれない。たとえば、(移民先の)新しい国の社会に溶け込んだ親は、その新しい国で生まれた子供に祖国の文化を伝える必要はないと感じるかもしれない。これは、特にその家庭が移民である親と同じ経歴をもつ人とほとんど、もしくは全く接点を持たない場合、(祖国の文化を子供に伝えるという)この課題はとにかく難しすぎるかもしれないからだ。子供たちが新しい国の社会に十分に溶け込むことのほうが大事だと感じる親もいるかもしれない。しかし、子供たちが親の祖国や、その文化、その言語について知っているということは非常に重要である、と考える移民の親も依然として存在する。

❸ 両親が同じ国の出身で、同じ母語を話す家庭にとっては、状況はいくぶん楽かもしれない。とは言え、それでも子供は、家庭の外での活動を通して、彼らが住む社会と接触を持っている。その結果、子供が成長し、外の世界により関わるようになるにつれて、両親の祖国の文化や言語と移民先の文化や言語とがますますせめぎ合うようになる。

❹ 上記で説明された大きな困難や課題を考慮すると、子供に第二の文化を教えたいと思う移民の親は、最善の進め方を慎重に考えるべきである。もし、そうした親が子供にどちらの国においても等しく「ふるさとである」と感じてほしいのなら、特にそう言える。

音読練習 DAY 9 | 魚は痛みやストレスを感じるのか

❶ Many of us feel so removed from fish and other commonly consumed creatures of the sea that we don't even think of their flesh as meat. For instance, when we learn that someone is vegetarian, we will often respond by asking, "So, you only eat fish?" We tend not to perceive sea creatures' flesh as meat because we often don't think of sea creatures as animals. We don't think of these beings as having any sense of feeling or having lives that matter to them. We thus relate to the creatures of the sea as if they were unusual plants, taking them from the ocean as easily as we pick an apple from a tree.

❷ But are sea creatures the mindless, unfeeling beings many of us assume them to be? Not according to a number of scientists around the world. There is much research demonstrating that fish and other creatures of the sea possess both intelligence and the capacity to feel pain. Research on the intelligence of sea creatures has yielded evidence that fish do not forget what they've experienced just moments before, but have a memory span of at least three months. Moreover, fish can develop "mental maps" of their surroundings that allow them to memorize and adapt to changes in their environment — a task that is beyond the mental ability of hamsters.

❸ Similarly, evidence that fish and other sea creatures can feel pain is increasing. In one study, researchers injected the lips of one group of fish with a painful substance and then injected the lips of another group with salt water. The first group of fish exhibited a rocking motion similar to the kind of motion seen in stressed animals. Moreover, they were clearly suffering: they rubbed their lips on the small stones in their tank and against the tank walls, and didn't resume feeding for almost three times longer than the latter. These observations strongly suggest that fish feel pain and stress. Consequently, it is now illegal in the city of Monza, Italy, to keep goldfish in small bowls.

大意

❶ 私たちの多くは，魚や他の一般的に消費されている海の生き物からは(自分たちを)遠い存在だと感じているので，その身を肉と考えることすらない。たとえば，ある人が菜食主義であると知った時に，それに反応して「じゃあ，あなたは魚しか食べないのね？」と尋ねることはよくあることだろう。私たちは海洋生物の身を肉と感じない傾向があるが，それは海洋生物を動物と見なさないことが多いからだ。こういう生き物が，何らかの感情を持っているとも，それらにとって大切な命を持っているとも私たちは思っていないのだ。したがって，私たちは海の生物と，まるで変わった植物であるかのように関わっていて，木からリンゴを摘むのと同じぐらい気軽に海からそれらを捕っている。

❷ しかし，海洋生物は，私たちの多くが思い込んでいるような知能も感情もない存在なのだろうか。世界中の何人もの科学者によると，そうではない。魚や他の海の生物は知能も，痛みを感じる能力も持っていることを証明する研究は数多く存在する。海洋生物の知能に関する研究によって，魚がほんの少し前に経験したことを忘れないどころか，少なくとも3ヶ月の記憶範囲があるという証拠が出ている。さらに，魚は環境の変化を記憶し適応することを可能にする，環境の「心象地図」を作り出すことができ，それはハムスターの知能を超える作業である。

❸ 同様に，魚やその他の海洋生物が痛みを感じるという証拠が増えている。ある研究では，研究者らが痛みを伴う物質をある魚のグループの唇に注射し，それから，塩水を別の魚のグループの唇に注射した。最初のグループは，ストレスを与えられた動物に見られる動きと似通った，体を揺する動きを示した。さらに，そのグループの魚は明らかに苦しんでいて，水槽の小石や水槽の壁に唇を擦り付け，後者のグループよりもほぼ3倍の時間の間，餌を再び食べ始めることがなかった。これらの観察は，魚が痛みやストレスを感じるということを強く示している。その結果，イタリアの都市モンツァでは小さな鉢に金魚を飼うことが現在違法となっている。

音読練習 DAY 10 ｜ 人は皆演じているのだ

❶　I would like to consider the ways in which some politicians are, to some extent, actors. I know a lot of actors, and I have a very high regard for the profession, so I am not attempting to criticize acting itself. Indeed, it is almost impossible not to be an actor when one lives in a social world. At the moment, speaking to you, I am being an actor, since I am not behaving or speaking the way I would if I was at home, but instead as I do when I am in public. Everybody knows that people, even highly educated and intelligent people, are attracted to leaders not because of the policies they advocate or their virtuous behavior, but because of the excitement and charisma that they provide; in other words, we are fascinated by their acting. Even the worst of the totalitarian tyrants of the last century were believed to be great and virtuous leaders by vast numbers of their population. And although these leaders came to power in situations of great desperation in their countries, they still used their performative powers to compel and persuade people to follow them. We might think of them as opportunists of fate, in the same way that great acting performances often arise in plays or movies which just happen to be right for the times. Whether we are aware of it or not, we are all fooled into belief by performance rather than reason.

❷　This need for the king or ruler or political leader to be first and foremost a performer goes right back to the ancient beginnings of civic society, but in modern times performances are undertaken by people who surround us. On television, for example, every hour of the day, announcers and commentators, studio guests and selected members of the public are acting out roles for our entertainment and education. Indeed, it may be that the modern man or woman in daily life has more constant and emotional communication from actors than from real people.

大意

❶　一部の政治家が，ある意味，役者である点について考えたい。私は多くの役者と知り合いで，その職業に非常に高い敬意を払っているので，演じること自体を批判しようというのではない。実際，人間が実社会で生きていくうえで，演じないでいることはほぼ不可能だ。こうして今，みなさんに話しかけながらも，私は演じているのだ。というのも私は自宅でするような言動はとっておらず，その代わりに公の場にいるときにするようにしているからだ。高学歴の知的な人でさえ，指導者に惹かれる理由が，彼らが提唱している政策や高潔なふるまいではなく，彼らが与える興奮やカリスマ性であることは，みんな知っている。言い換えれば，私たちは彼らの芝居に魅了されているということである。前世紀の全体主義の暴君の中で最悪の者たちでさえ，偉大で高潔な指導者だと膨大な数の人々から信じられていた。そしてこのような指導者らは国が絶望的な状態にある中，政権を握ったわけだが，それでも彼らは演技力を利用して，自分に従うように人々を強制し，説得した。私たちは彼らを運命の日和見主義者とみなすかもしれない。たまたま時代に合った演劇や映画で名演技が生まれることがよくあるのと同じようなものだと。そのことに気づいていようがいまいが，私たちは皆，道理ではなく演技に騙されて信じてしまうのである。

❷　王，支配者，政治指導者が何よりもまず役者であるべきこの必要性は，市民社会が始まった大昔までさかのぼるが，現代では私たちの周りの人たちが演じることを担っている。たとえば，テレビでは，常にアナウンサーやコメンテーター，スタジオゲストや一般から選ばれた人々が，私たちの娯楽と教育のために役を演じている。実際，日常生活において現代人は，現実の人々よりも役を演じている人たちから，より継続的で感情的な情報を得ているかもしれない。

音読練習 DAY 11 | バイオマスエネルギーの利点と欠点

❶ Biomass energy is the result of the conversion of sunlight into usable energy. Plants absorb energy from the sun as they grow. That energy can then be extracted as the plant mass is either burned or converted into a more convenient liquid fuel, ethanol for example, which is similar to gasoline or natural gas. Thus, biomass is an indirect form of solar energy. The most important advantage of biomass energy is that it is well suited as a direct gasoline substitute that can fuel all forms of transportation technologies.

❷ Biomass is a renewable energy source because each year the plant life which biomass depends upon is renewed in a new growing season. While the plants are absorbing energy from the sun, they are also fixing carbon from the atmosphere into the plant mass. When the plant mass has its energy extracted, this carbon is then released back into the atmosphere. Consequently, the amount of carbon emitted would be balanced by the amount of carbon that is absorbed. Thus, biomass energy, in theory, does not contribute to global climate change, and it is considered CO_2-neutral.

❸ Unlike other renewable energy sources, however, biomass is not pollution-free. In fact, the pollution from many biomass sources can be significant. Ethanol, for example, emits the same type of pollutants (except for CO_2) as its fossil-fuel companions. Wood-burning stoves and corn stoves release more pollution than natural gas furnaces, even though less than coal stoves.

❹ Furthermore, a new problem has emerged recently in the world crop market. Since 2006, farmers in the United States who switched crops from soybeans to corn for the ethanol market, or grew their soybeans for fuel rather than food, have caused a decrease in the world supply of soybeans for food material. This supply loss was then replaced by new soybean production in countries such as Brazil and Indonesia, where the crops were then grown on land that was stripped of tropical rain forest. Ironically, cutting down an acre of tropical rain forest results in more carbon emissions than are balanced by the ethanol production from one acre of corn. Biomass crops could be considered truly renewable, only when they are grown in an environmental and sustainable manner and on land that is not covered with productive forests.

大意

❶ バイオマスエネルギーは，日光を使用に適したエネルギーに転換した結果生まれるものだ。植物は成長時に太陽からエネルギーを吸収する。その後，その植物集団が燃やされるか，たとえば，ガソリンや天然ガスに似ているエタノールのような，より便利な液体燃料に転換される際に，そのエネルギーを抽出することができる。したがって，バイオマスは間接的な太陽エネルギーである。バイオマスエネルギーの最も重要な利点は，あらゆる形態の輸送技術に燃料を補給できる，直接的なガソリンの代替品としてよく適しているということだ。

❷ バイオマスは再生可能なエネルギー源であるが，その理由は，毎年，バイオマスが依存する植物が新たな成長時に再生されるからである。この植物は太陽からエネルギーを吸収している間に，大気中の炭素も固着させている。この植物集団からそのエネルギーが抽出されると，今度はこの炭素が大気中に放出される。その結果，排出される炭素の総量は，吸収される炭素の総量によってバランスが保たれることになる。したがって，理論的には，バイオマスエネルギーは地球規模の気候変化に寄与しておらず，二酸化炭素については中立であると考えられている。

❸ しかしながら，他の再生エネルギー源とは違って，バイオマスは無公害ではない。実際，多くのバイオマスエネルギー源から出る公害は，大きな影響を与える可能性がある。たとえば，エタノールは化石燃料から作られるエタノール類と同じタイプ（二酸化炭素以外）の汚染物質を排出する。薪ストーブとコーンストーブは，天然ガスを用いた暖房炉よりも多くの公害を出す。石炭ストーブよりは少ないとしてもだ。

❹ その上，世界の穀物市場において近年新たな問題が生じている。2006年以降，エタノール市場をにらんで大豆からトウモロコシに農産物を替えたり，食料よりもむしろ燃料目的で大豆を栽培したりするアメリカ合衆国の農場経営者が，食用大豆の世界的供給量の低下を引き起こしているのだ。この供給量の減少はその後，ブラジルやインドネシアのような国での新しい大豆生産によって元に戻ったが，その際，ブラジルやインドネシアでは熱帯雨林を伐採した土地でその大豆は栽培されたのだった。皮肉にも，1エーカーの熱帯雨林を伐採することによって，1エーカーのトウモロコシから生産されるエタノールによってバランスが保たれる以上の炭酸ガスが排出される結果となっている。バイオマス穀物は，それが環境に配慮した持続可能な方法で，かつ生産性の高い森林に覆われていない土地で栽培されて初めて，本当に再生可能であると考えることができるのかもしれない。

音読練習 DAY 12 | ある著者の日記

❶ Gracie and Elena are more than just sisters, they're also best friends. With only twenty-two months between them, they share more than clothes, toys and hobbies; they also share their lives. This was the way Brooke and I intended it from the beginning. Having both come from families where we were three or more years apart from our siblings, we felt that our children would benefit from being two years apart or less. Little did we know how right we were.

❷ At twenty-two months, Elena had no idea how much her life was about to be impacted, but she did know she was now a big sister. Proudly wearing her "I'm a New Big Sister" pin at the hospital, she took to her duty as bottle feeder as she gave up her room and her toys for the new addition to the family. And although they would play with each other and spend hours in the family room, we soon realized how much they would come to love each other the day we heard Gracie laugh for the first time. Around six months after her birth, we found Gracie giggling in her swing while Elena danced and made funny faces in front of her. It's never been the same since. Now Gracie returns the favor daily with her staged antics and infectious smile.

❸ Even today, Gracie is the comedian while Elena is the comforting mom. Just this morning while Gracie was upstairs in the midst of a temper tantrum over her clothing selection, and Brooke and I had all but given up, Elena quietly climbed the stairs to calm her sister. Five minutes later, she came downstairs holding Gracie's hand remarking to both of us how wonderful Gracie looked this morning, while Gracie wiped away tears. Not only had she managed to calm Gracie, but she also dressed her in the exact clothes that we had failed to get her to wear twenty minutes earlier.

❹ Friends don't have to be the same in order to get along. Sometimes it is the differences that make a friendship work. In Gracie and Elena's case, it is also what makes them perfect for each other.

大意

❶ グレイシーとエレナは単なる姉妹以上の関係で，親友どうしでもある。二人の年の差はたった22ヶ月なので，服やおもちゃや趣味以上のものを共有している。すなわち人生も共有しているのだ。これはブルックと私が初めから意図していたことだった。私たちは二人ともきょうだいと3歳以上離れている家庭で育ったので，私たちの子供たちは2年以下の年齢差にすればメリットがあるだろうと感じていた。私たちがどれほど正しいかはまったく分かっていなかったが。

❷ 生後22ヶ月のとき，エレナは自分の人生がどれほどの影響を受けることになるかなど知る由もなかったが，お姉さんになるのだということは分かっていた。病院で誇らしげに，「私はお姉さんになります」というピンバッジをつけて，新しく家族に加わる子のために，自分の部屋やおもちゃを諦めるとともに，哺乳瓶でミルクを飲ませる仕事に専念した。そして居間で二人はいっしょに遊んで何時間も過ごすことになるのだが，間もなく初めてグレイシーの笑い声を聞いた日に，私たちは，二人がどれほどお互いを愛するようになるかを悟った。グレイシーが生後6ヶ月のころ，エレナがグレイシーの前でダンスをしたり，面白い顔をしたりしている一方で，グレイシーがフランコに乗ってクスクス笑っていることに私たちは気づいたのだ。それ以来状況は変わってしまった。今では，グレイシーのほうが，日々，滑稽なしぐさや，思わず引き込まれてしまう笑顔で，そのときの恩返しをしている。

❸ こんにちでも，グレイシーのほうがおどけ役で，一方，エレナはなだめる母親役である。ちょうど今朝，グレイシーは二階で服選びのことで癇癪を起こしている最中で，ブルックと私はすでにほぼ諦めていたら，エレナが妹をなためにサッと階段を上がって行った。5分後，エレナがグレイシーの手を握って，私たち二人に今朝のグレイシーはなんて素晴らしい格好かしらと言いながら下に降りてきて，グレイシーのほうは涙を拭っていた。エレナはグレイシーを何とかなだめただけでなく，私たちが20分前にグレイシーに着させることができなかったまさにその服をグレイシーに着させていたのだ。

❹ 友だちどうしが仲良くやっていくのに，同じである必要はない。時に，違うおかげで友情が上手くいくこともあるのだ。グレイシーとエレナの場合，その違いのおかげで，お互いがお互いにとって申し分のない存在になっているのだ。

音読練習 DAY 13 | 日本人のロボットに対する意識

❶ Few Japanese have the fear of robots that seems to haunt Westerners in novels and Hollywood films. In Western popular culture, robots are often a threat, either because they are manipulated by evil forces or because something goes horribly wrong with them. By contrast, most Japanese view robots as friendly and harmless. Japanese popular culture has constantly portrayed robots in a positive light, ever since Japan created its first famous cartoon robot, Tetsuwan Atomu, in 1951. Its name in Japanese refers to its atomic heart. Putting a nuclear core into a cartoon robot less than a decade after Hiroshima and Nagasaki might seem an odd way to attract people to the new character. But Tetsuwan Atomu — being a robot rather than a human — was able to use the technology for good.

❷ It is no surprise, therefore, that many Japanese seem to like robot versions of living creatures, more so than the living creatures themselves. An obvious example is AIBO, the robotic dog that Sony began selling in 1999. The bulk of its sales has been in Japan, and the company says there is a big difference between Japanese and American consumers. American AIBO buyers tend to be computer enthusiasts who want to hack the robotic dog's programming and check out the way it works. On the other hand, most Japanese consumers like AIBO because it is a clean, safe and predictable pet.

❸ AIBO is just a fake dog. As the country gets better at building interactive robots, their advantages for Japanese users will multiply. A robot researcher cites the example of asking directions. In Japan, people are more reluctant than in other places to approach a stranger. Building robotic traffic police and guides will make it easier for people to overcome their shyness.

❹ To understand how the Japanese might find robots less intimidating than people, researchers have been investigating eye movements, using headsets that monitor where the participants of the study are looking. One myth about the Japanese is that they rarely make eye contact. This is not true. When answering questions put by another person, the participants made eye contact around 30% of the time, which is not such a low percentage. However, when talking to an android who had been modeled on a famous newsreader, the same participants were much more likely to look it in the eye than they were a real person. Although more tests should be done, the results suggest that the Japanese seem to be much more at ease when talking to an android.

大意

❶ 日本人のほとんどが、小説やハリウッド映画の中で欧米人を悩ませているように見えるロボットに恐怖を抱いていない。欧米の大衆文化では、ロボットは脅威であることが多いが、それはロボットが悪意の力によって操作されていたり、ロボットに何か恐ろしい故障が生じるからである。それとは対照的に、日本人のほとんどは、ロボットを友好的で無害な存在とみなしている。日本の大衆文化はずっとロボットを肯定的な観点から描いてきているが、それは1951年に日本初の有名マンガロボット、鉄腕アトムが創り出されて以降のことである。このロボットの名前は、日本語で原子力で動く心臓のことを指している。広島と長崎に原子爆弾が投下されて10年もたたないうちに、マンガのロボットの中に核を組み込むのは、人々をこの新しいキャラクターに引き付ける方法としては奇妙な方法だと思えるかもしれない。しかし、鉄腕アトムは、人間というよりむしろロボットであったがゆえに、善のためにこの技術を使うことができたのだ。

❷ したがって、多くの日本人が生き物のロボット版が好きで、生き物そのもの以上にそう見えるのも当然のことなのである。わかりやすい例が、1999年にソニーが販売しはじめたロボット犬のAIBOである。その販売数の大半が日本国内の数で、ソニーは、日本人とアメリカ人の消費者の間には大きな違いがあると述べている。すなわち、アメリカ人のAIBO購入者は、そのプログラム情報を抜き取って、どうやって動いているかを調べたいと思うコンピューターオタクである傾向があるのに対して、日本人の購入者の大半は、清潔で安全で予測可能なペットだからAIBOが好きなのである。

❸ AIBOは偽物の犬でしかない。日本が双方向ロボットを作ることが上手になるにつれて、日本人利用者にとってのメリットは大きくなるだろう。あるロボット研究者は、道を尋ねる例を挙げている。日本では、他の国々と比べて、見知らぬ人に近づくのは気が進まないという人が多い。ロボットの交通巡査や案内係を作ることで、人々がその内気さを克服するのがより容易になるだろう。

❹ 日本人がどのくらいロボットのことを、人間ほど恐ろしい存在ではないと思っている可能性があるかを理解するために、研究者らは、被験者がどこを見ているのかを観測するヘッドセットを使って、目の動きを調査してきた。日本人に関する通説の一つに、彼らはめったにアイコンタクトをとらないというのがある。これは正しくない。他の人の質問に答えた場合、被験者らはそれに答えている時間のおよそ30パーセントの間、アイコンタクトをとったのだが、これはそれほど少ない割合ではないからだ。しかし、同じ被験者が有名なニュースキャスターをモデルに作られたアンドロイドに話しかけた場合、アンドロイドを直視する傾向が、本物の人間である場合よりも、はるかに強かった。もっと多くのテストが行われるべきではあるが、この結果は、日本人はアンドロイドに話しかけるときのほうが、はるかに安心しているように思われる、ということを示唆している。

音読練習 DAY 14 | ケープコースト城の歴史

❶ The Trial of Black Bart's Men, as it came to be known, took place in 1722, in the dauntingly magnificent-looking, pure white cliff-top building that still stands well to the west of the capital of Ghana: the famous Cape Coast Castle. It was adventurous Swedes who first built a wooden structure here, near a coastal village named Oguaa, as a centre for gold, ivory, and lumber trading: it next passed into the hands of another unlikely Scandinavian colonizing power, the Danes; and then in 1664, it was captured by the British, who had an enduring colonial interest in West Africa and held on to the Gold Coast — as Ghana was then called — for the next three hundred years. At the beginning — and at the time of the piracy trial — the Castle became the regional headquarters of the Royal African Company of England, the private British company that was given "for a thousand years" a British government monopoly to trade in slaves over the entire 2,500-mile Atlantic coastline from the Sahara to Cape Town.

❷ Though the monopoly ended in 1750, slavery endured another sixty years and British colonial rule for another two hundred. The British turned the Castle into the imposing structure that remains today — and it has become sufficiently well known and well restored that it attracts large numbers of visitors, including many African-Americans who naturally have a particular interest in its story. The American President, Barack Obama, visited with his family in 2009, to see and experience what remains one of the world's most poignant physical illustrations of the evils of slavery.

❸ The dire reputation of the place is reinforced by its appearance: though Cape Coast Castle is the smallest of the three surviving slaving forts on the Bight of Benin, it was designed to be by far the most austere and forbidding. It also has the infamous "door of no return" through which tens of thousands of hapless African men, women and children were led in chains and shackles onto the ships that then crossed the Atlantic's infamous Middle Passage, eventually bringing those who survived the rigours of the journey to the overcrowded quarters of eastern America and the Caribbean.

大意

❶ ブラック・バートの手下の裁判として知られるようになった裁判は，現在もガーナの首都からずっと西に行ったところに建っている，ゾッとするほど荘厳な外観の，崖の上にある真っ白な建物である，かの有名なケープコースト城で，1722年に行われた。木造の建造物をここ，すなわちオグアという名の海岸沿いの村の近くに，金や象牙や木材貿易の中心として初めて建設したのは，冒険好きなスウェーデン人たちであった。そして，そこはその後，植民地政策を進める信じられないほど強力な別のスカンジナビアの勢力であったデンマーク人たちの手に渡り，その後1664年に，イギリス人によって占拠された。彼らは西アフリカに対し長期的に植民地支配をする興味を持っていて，ゴールドコースト（当時ガーナはそのように呼ばれていた）をその後300年間手放さなかった。当初（そして海賊裁判の時代に），ケープコースト城はイギリスの王立アフリカ会社の地方本社となったが，この会社は，サハラからケープタウンまでの全2,500マイルで奴隷を扱う独占権を「1000年間」イギリス政府より与えられた民間企業であった。

❷ 1750年にその独占権は終わったが，奴隷制はさらに60年続き，イギリスの植民地支配はさらに200年続いた。イギリス人がケープコースト城を今日まで残る印象的な建造物へと変えたおかげで，十分有名になり，しかもしっかり修復されたので，当然この城の物語に特定の関心を持っている多くのアフリカ系アメリカ人を含む，たくさんの人々が訪れている。アメリカ大統領のバラク・オバマ氏も，今も世界で最も痛ましい奴隷制という悪の物理的実例の一つであるこの城を見て感じるために，2009年に家族とともに訪れた。

❸ この場所の悲惨な評判はその外観により増強されている。ケープコースト城はベニン湾沿いの三つの現存する奴隷売買の交易市場のなかでは最も小さいものだが，飛び抜けて簡素で，近寄りがたいデザインに設計された。そこには，あの忌まわしい『戻れない扉』もあり，そこを通って何万人もの不運なアフリカの男性，女性，子供たちが鎖につながれ，手かせ足かせをかけられて船に乗せられた。それから大西洋の忌まわしい中間航路を渡って，最終的にはその旅の苦しみを生き延びた人たちは東部アメリカやカリブ海の人口過多の地区へと連れて行かれたのであった。

音読練習 DAY 15 | 良いリーダーの条件

❶ What are the qualities of good leaders? What makes them successful? Think of some of the greatest leaders of all time. What allows them to stand out from others? Words such as "heroic," "inspiring," and "flexible" come to mind. These are all leadership qualities, but what really makes for a strong and successful leader?

❷ Successful leaders are able to influence others. They are able to manage relationships with others to create positive results. They use their unique qualities to inspire a staff, a team, or a nation to achieve goals. They can see beyond themselves to look at achieving long-term goals by utilizing their strengths combined with the strengths of others. Winston Churchill is thought by many to be one of the greatest leaders in history. He was a talented speaker and lawmaker, but what made Churchill a great leader was his ability to influence and strengthen the will of his people through his words and policies.

❸ Leaders assist in change, but their values and goals remain steady and unchanging. They have a fixed and unchanging purpose that keeps them focused on a certain goal or objective in spite of problems or difficult conditions. Despite hardships, they keep their original, clearly defined goals in mind.

❹ Successful leaders not only have a fixed, long-term perspective on goals; they also have new and flexible ways of achieving those goals. They are flexible in their approach and are prepared to make corrections and improvements along the way: leaders "bend but don't break." Churchill allowed his belief in democracy and freedom to direct his wartime thinking and policies. However, it was not only his policies, but also his flexibility that allowed him to carry out those policies that made him a successful leader.

❺ Finally, leadership such as that demonstrated by Churchill is about inspiring others to do the right thing. They are not only able to inspire those around them to stretch and do their best to fulfill the group mission. They are also able to inspire those around them in order to achieve desired results without compromising their moral standards. As business expert Peter F. Drucker said: "Management is doing things right; leadership is doing the right things."

大意

❶ 良いリーダーの資質とは何か。なぜ彼らは成功するのか。史上最も偉大なリーダーの何人かについて考えてみよう。なぜ彼らは他の人たちよりも突出した存在になれるのか。「英雄的である」、「人を奮い立たせる」、「柔軟である」などの言葉が思い浮かぶ。これらはすべてリーダーに必要な資質であるが、実際に強くて成功を収めるリーダーを生み出すのは何なのか。

❷ 成功を収めるリーダーは、他者に影響を与えることができる。プラスの結果を生み出すために他者との関係をうまくやりくりすることができる。彼らはスタッフやチームや国家を奮起させて目標を達成させるために、その特異な資質を利用する。彼らは他者の力と組み合わされた自分たちの力を利用することによって、自分の身の丈を超えて長期目標の達成に目を向けることができる。ウィンストン・チャーチルは、多くの人たちから歴史上最も偉大なリーダーの一人だと考えられている。彼は才能ある演説家であり立法者であったが、チャーチルを偉大なリーダーにしたものは、言葉と政策を通して国民の意志に影響を与えて強める能力であった。

❸ リーダーは変化に力を貸すが、彼らの価値観と目標はしっかりとしていて不変のものである。彼らは問題や困難な状況にあっても、特定の目標や目的に集中し続けられる不動・不変の目的を持っている。困難があろうとも、彼らの心の中には常に当初からの明確な目標があるのだ。

❹ 成功を収めるリーダーは、目標に対して不動で長期の見通しを持っているだけではなく、それらの目標を達成するための新しく柔軟な方法も持っている。彼らは取り組み方において柔軟であり、途中で訂正したり改善したりする心つもりができている。つまり、リーダーは「意志は曲げるが折れない」のだ。チャーチルは、彼の民主主義や自由に対する信念の赴くままに戦時中の考えや政策の方向性を決めた。しかしながら、彼を成功したリーダーにしたそういった政策を彼が実行てきたのは、彼の行った政策のおかげだけではなく、彼の持つ柔軟性のおかげでもあったのだ。

❺ 最後に、チャーチルによって示されたようなリーダーシップの本質は、他者を奮起させて正しいことをさせることである。彼らは、集団の任務を達成するために、周りの人々を奮起させて努力させ、最善を尽くさせることができるだけではなく、彼らの道徳基準を汚さずに望ましい結果を達成するために周りの人々を奮起させることもできるのである。ビジネスの専門家として、ピーター・F・ドラッカーはこう語った。「経営とは正しく物事をすることであり、リーダーシップとは正しいことをすることである」と。

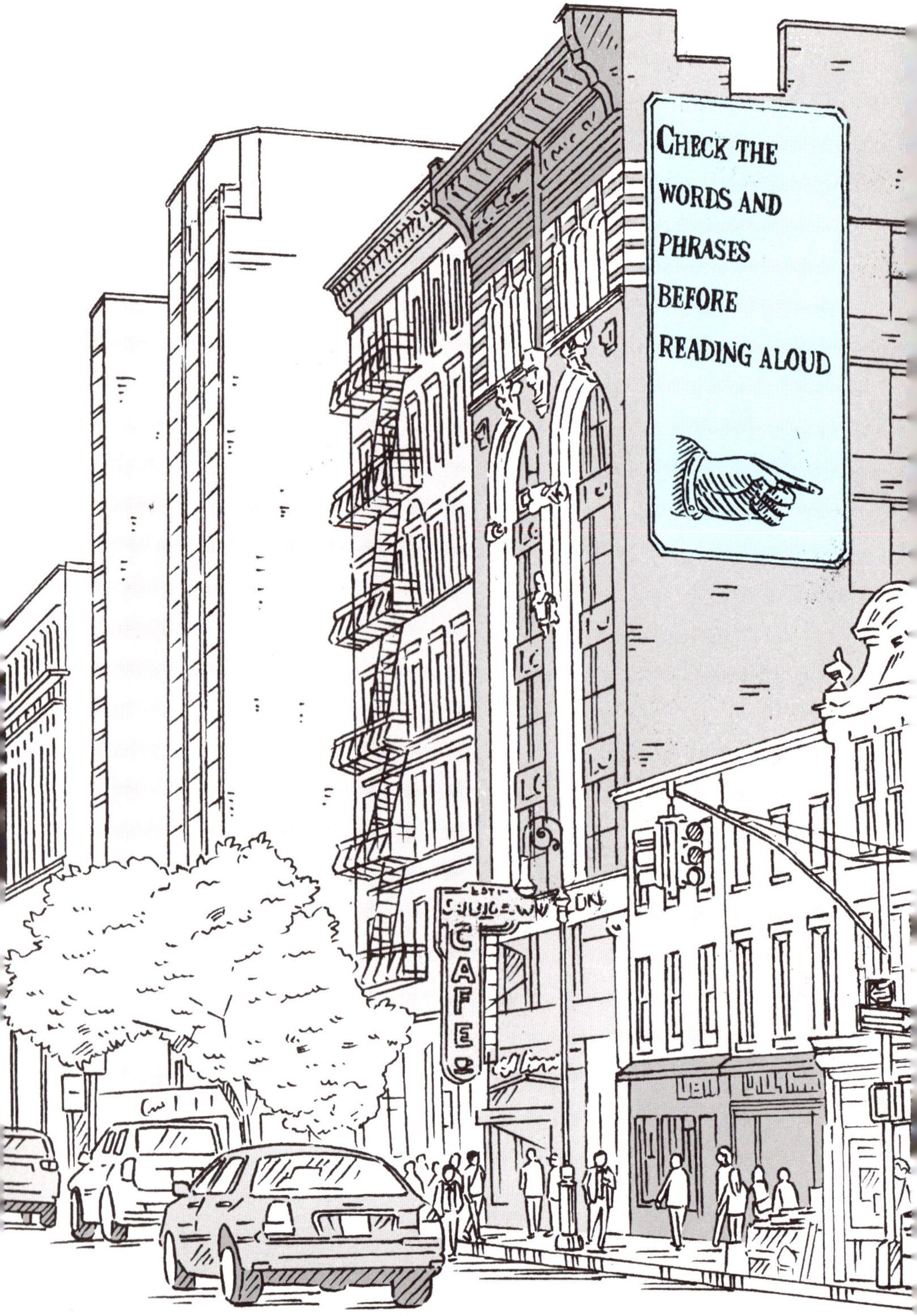
CHECK THE
WORDS AND
PHRASES
BEFORE
READING ALOUD
CAFE

DAY 1

#		単語	品詞	意味	備考
001	☐	rest [rést レスト]	名C	残り	» the rest of ~「~の残り」
002	☐	absolutely [ǽbsəlùːtli アブソルートリィ]	副	断然に	» 最上級を強める。
003	☐	nutrient [n(j)úːtriənt ニュートリエント]	名C	栄養素	
004	☐	addition [ədíʃən アディション]	名U	追加	» in addition「加えて」
005	☐	whole [hóul ホウル]	形	丸々~	
006	☐	contain [kəntéin カンテイン]	他動	~を含む	
007	☐	amount [əmáunt アマウント]	名C	量	» large amounts of ~「大量の~」 ◎316 amount
008	☐	therefore [ðéərfɔ̀ːr ゼアフォー]	副	したがって	
009	☐	supposedly [səpóuzidli サポウズィドリィ]	副	一般には~と思われている	
010	☐	digest [daidʒést ダイヂェスト]	他動	~を消化する	
011	☐	importantly [impɔ́ːrtəntli インポータントリィ]	副	(most importantlyで) 最も重要なことには	» 文修飾の副詞。
012	☐	dissolve [dizáːlv ディザーウヴ]	自動	溶ける	
013	☐	lower [lóuər ロウアー]	他動	~を下げる	
014	☐	reduce [rid(j)úːs リデュース]	他動	~を減らす	
015	☐	clean [klíːn クリーン]	他動	~をきれいにする	» clean out ~「~を一掃する」
016	☐	constipation [kàːnstəpéiʃən カンスティペイション]	名U	便秘	
017	☐	colon [kóulən コウロン]	名C	結腸, 大腸	
018	☐	thus [ðʌ́s ザス]	副	したがって	
019	☐	especially [ispéʃəli イスペシャリィ]	副	特に	
020	☐	beneficial [bènəfíʃəl ベネフィショウ]	形	有益な	◎342 benefit
021	☐	conclusion [kənklúːʒən カンクルーヂョン]	名U	結論	» in conclusion「結論として, 要するに」 ◎075 conclude
022	☐	even though [íːvn ðóu イーヴン ゾウ]	接	たとえ~でも	» 単独のthoughよりも強い表現。

DAY 2

| 023 | ☐ | consume [kəns(j)úːm カンスューム] | 他動 | ~を消費する | ◎184 consumer |
| 024 | ☐ | compare [kəmpéər カムペアー] | 他動 | ~を比較する | » compare O to[with] ~「Oを~と比較する」 ◎149 (when) compared with |

025	☐	life expectancy [láɪf ɪkspéktnsi ライフ イクスペクタンスィ]	名U 平均寿命	» この先、一般にどれくらい生きられそうかを表す期間を指す。多くの場合、「生まれた時点」でのlife expectancyを指し、日本語の「平均寿命」と同意だが、たとえば1960年生まれの人の「現時点での」life expectancyと言えば、この先、平均的に何年生きられるか（平均余命）を表すことになる。
026	☐	significantly [sɪɡnífɪkəntli スィグニフィカントゥリィ]	副 著しく、はるかに	☺ 322 significant
027	☐	despite [dɪspáɪt ディスパイト]	前 〜にもかかわらず	» despite the fact that 〜「〜という事実にもかかわらず」
028	☐	enemy [énəmi エネミィ]	名C 敵	» ⇔friend「味方」。
029	☐	unsustainable [ʌnsəstéɪnəbəl アンサステイナボウ]	形 維持できない	☺ 337 sustainable
030	☐	according to [əkɔ́ːrdɪŋ tu: アコーディング トゥー]	成句 〜によると	
031	☐	breed [bríːd ブリード]	他動 〜を育てる	» breederは日本語でも「ブリーダー」として使われている。
032	☐	female [fíːmeɪl フィーメイウ]	形 メスの	» ⇔male [méɪl]「オスの」
033	☐	endangered [endéɪndʒərd エンデインジャード]	形 絶滅の危機にひんした	
034	☐	wildlife [wáɪldlàɪf ワイウドライフ]	名U 野生生物	
035	☐	average [ǽvərɪdʒ アヴリッジ]	名C 平均	» on average「平均で」
036	☐	lifespan [láɪfspæ̀n ライフスパン]	名C 寿命	» 人だけでなく、物の「寿命」を表すのにも使われる。
037	☐	in the first place	成句 第一に	» 「第一に…。第二に…。」と複数の事柄を挙げていくときに使う表現。
038	☐	obtain [əbtéɪn オブテイン]	他動 〜を獲得する	
039	☐	likely [láɪkli ライクリィ]	形 ありそうな	» be likely to do(-)「〜する可能性が高い、〜しやすい、たぶん〜するだろう」
040	☐	transfer [trǽnsfəːr トランスファー]	名C 移動	» 動詞はtransfer [trænsfə́ːr]「〜を移動させる；転任する」。

DAY 3

041	☐	desert [dézərt デザート]	名C 砂漠	» 形容詞として「砂漠のような、住む人のいない」。動詞desert「（人・場所）を見捨てる」は[dɪzə́ːrt]と発音。なお、食後に食べる「デザート」はdessert [dɪzə́ːrt]。
042	☐	plant [plǽnt プラント]	名C 植物	
043	☐	collect [kəlékt コレクト]	他動 〜を集める	

044	store [stɔ́:r ストー]	他動 ～を蓄える
045	during [djúəriŋ デューリング]	前 ～の間　◎407 enduring
046	stem [stém ステム]	名C 茎
047	sharp [ʃɑ́:rp シャープ]	形 鋭い
048	thirsty [θə́:rsti サースティ]	形 喉が渇いた
049	nest [nést ネスト]	名C 巣
050	start with	成句 ～から始まる
051	nectar [néktər ネクター]	名U (花や植物の)蜜
052	leaf [lí:f リーフ]	名C 葉　»複数形はleaves。
053	seed [sí:d スィード]	名C 種，種子
054	scorpion [skɔ́:rpiən スコーピオン]	名C サソリ
055	lizard [lízərd リザード]	名C トカゲ
056	insect [ínsekt インセクト]	名C 昆虫
057	cricket [kríkət クリケット]	名C コオロギ
058	hunt [hʌ́nt ハント]	自他動 狩りをする，～を狩る
059	predator [prédətər プレデター]	名C 捕食動物，肉食動物
060	hawk [hɔ́:k ホーク]	名C 鷹
061	venom [vénəm ヴェノム]	名U 毒
062	break off	成句 ～を切り離す，切断する
063	throw away	成句 ～を捨てる
064	ecosystem [ékousìstəm エコウスィステム]	名C 生態系
065	tortoise [tɔ́:rtəs トータス]	名C カメ　»イギリス英語では，リクガメや淡水に棲む小型のカメをtortoise，ウミガメはturtleと言うが，アメリカ英語では，カメ全般を指してturtleと言うのがふつう。
066	nocturnal [nɑktə́:rnl ナークターノウ]	形 夜行性の
067	burrow [bə́:rou バーロウ]	名C 巣穴
068	underground [ʌ́ndərgràund アンダーグラウンド]	形 地下の
069	cave [kéɪv ケイヴ]	名C 洞くつ
070	feed [fí:d フィード]	自動 えさを食べる　»名詞はfood。

DAY 4

071	do well	成句 うまくいく，よくなる
072	psychologist [saɪkɑ́:lədʒɪst サイカーラヂスト]	名C 心理学者

073	produce [prəd(j)úːs プロデュース]	他動 ～を提出する，示す ◎ 338 productive
074	aged [éɪdʒɪd エイヂド]	形 ～歳の » children aged five「5歳児」(= children five years old, five-year-old children)
075	conclude [kənklúːd カンクルード]	他動 結論を出す » conclude (that ~)「～という結論を出す」◎ 021 conclusion
076	capable [kéɪpəbəl ケイパボウ]	形 能力がある » be capable of doing (~)「～する能力がある」◎ 232 capacity
077	institute [ínstət(j)ùːt インスティテュート]	名C 協会，研究所，機関 »研究や教育など，特定の目的のために設けられた組織や，その組織が入っている建物を指す。
078	alarmed [əláːrmd アラームド]	形 心配して，懸念して
079	sign [sáɪn サイン]	名C 兆候，しるし
080	tend [ténd テンド]	自動 傾向がある » tend to do (~)「～する傾向がある」
081	involve [ɪnváːlv インヴァーウヴ]	他動 ～を含む ◎ 185 involvement, 214 involve
082	complex [kɑːmpléks, káːmpleks カームプレクス，カームプレクス]	形 複雑な
083	at the back of A's mind	Aの心[頭]の片隅に
084	create [kriéɪt クリエイト]	他動 ～を創造する，創り出す ◎ 218 creature
085	convincing [kənvínsɪŋ カンヴィンスィング]	形 説得力のある
086	false [fɔ́ːls フォーウス]	形 偽りの
087	require [rɪkwáɪər リクワイアー]	他動 ～を必要とする » It requires A to do (~).「～するのにAが必要である」
088	intelligence [ɪntélɪdʒəns インテリヂェンス]	名U 知能，知性
089	cover up	～を隠す
090	avoid [əvɔ́ɪd アヴォイド]	他動 ～を避ける
091	punishment [pʌ́nɪʃmənt パニシメント]	名U 罰
092	capture [kǽptʃər キャプチャー]	他動 ～をとらえる
093	whether or not ~ [wèðər or nɑ́ːt ウェザー オ ナーット]	～であろうがなかろうが
094	turn round	振り返る
095	admit [ədmít アドミット]	他動 認める
096	claim [kléɪm クレイム]	他動 主張する » claim (that ~)「～と主張する，言い張る」
097	hurt [hə́ːrt ハート]	他動 ～を傷つける
098	acceptable [əkséptəbəl アクセプタボウ]	形 受け入れられる，容認される
099	matter [mǽtər マター]	名C 問題，事柄 ◎ 226 matter

DAY 5

100	earn [ə́ːrn アーン]	他動 (お金)を稼ぐ	◎124 earnings
101	base [béɪs ベイス]	他動 (活動の中心など)を置く 》be based in -「～に本拠地を置いている」
102	combine [kəmbáɪn カンバイン]	他動 ～を結びつける 》combine A and[with] B「AとBを結びつける, 合わせる」
103	mostly [móʊstli モウストリィ]	副 主に
104	population [pὰːpjəléɪʃən パーピュレイション]	名C 人口 ◎116 popularity
105	full-length [fúlléŋkθ フルレンクス]	形 (映画・本などが)ノーカットの, 原作のままの; 長編の
106	employer [emplɔ́ɪər エンプロイアー]	名C 雇用主, 雇用者 ◎163 employee
107	unlike [ʌnláɪk アンライク]	前 ～とは違って
108	millions of	成句 何百万もの～ ◎120 hundreds of, 430 tens of thousands of
109	theater [θíːətər スィーアター]	名C 劇場 》movie theater「映画館」
110	market [máːrkət マーケット]	名C 市場
111	within [wɪðín ウィズイン]	前 ～以内
112	illegal [ɪlíːgəl イリーゴゥ]	形 違法の 》⇔legal「合法の」
113	not ~ any more	成句 もはや～ない
114	quality [kwάːləti クワーリティ]	名U 質
115	A alone [əlóʊn アロウン]	副 Aだけで
116	popularity [pὰːpjəlérəti パーピュレリティ]	名U 人気 ◎104 population
117	feature [fíːtʃər フィーチャー]	他動 ～を主役にする
118	develop [dɪvéləp ディヴェロプ]	他動 ～を発展させる
119	industry [índəstri インダストリィ]	名C 産業
120	hundreds of	成句 何百もの～ ◎108 millions of ~, 430 tens of thousands of

DAY 6

121	saying [séɪŋ セイイング]	名C ことわざ
122	not always ~	成句 必ずしも～とは限らない
123	document [dάːkjəmènt ダーキュメント]	他動 (文書で)立証する 》document that ~「～ということを(文書で)立証する」
124	earnings [ə́ːrnɪŋz アーニングズ]	名複 収入 ◎100 earn
125	figure [fígjər フィギャー]	名C 数字

126	☐	graduate [grǽdʒuət グラデュアト]	名C 卒業生	» college graduate「大学卒業生、大卒生」。なお、動詞「卒業する」の意味では [grǽdʒuèɪt] と発音する。
127	☐	economic [èkənά:mɪk エコナーミック]	形 経済的な	◎ 132 economist
128	☐	incentive [ɪnséntɪv インセンティヴ]	名CU 動機	
129	☐	skilled [skíld スキウド]	形 特殊技能を持つ	
130	☐	unskilled [ʌnskíld アンスキウド]	形 特殊技能を持たない	
131	☐	for sure	成句 はっきりと、確実に	
132	☐	economist [ɪkά:nəmɪst イカーナミスト]	名C 経済学者	◎ 127 economic
133	☐	propose [prəpóʊz プロポウズ]	他動 ～を提案する、提示する	
134	☐	alter [ɔ́:ltər オーゥター]	他動 ～を変える	
135	☐	relative [rélətɪv レラティヴ]	形 相対的な	◎ 227 relate
136	☐	demand [dɪmǽnd ディマンド]	名U 需要	» relative demand for ～「～に対する相対需要」
137	☐	labor [léɪbər レイバー]	名U 労働、労働力	» イギリス英語では labour と綴る。
138	☐	plentiful [pléntɪfl プレンティフゥ]	形 豊富な、有り余るほどの	
139	☐	goods [gʊ́dz グッズ]	名複 商品	
140	☐	expand [ɪkspǽnd イクスパンド]	自動 拡大する	
141	☐	domestic [dəméstɪk ドメスティック]	形 国内の	
142	☐	while [wáɪl ワイゥ]	接 一方	
143	☐	raise [réɪz レイズ]	他動 ～を高める	
144	☐	replace [rɪpléɪs リプレイス]	他動 ～に取って代わる	
145	☐	rely [rɪláɪ リライ]	自動 依存する	» rely on ～「～に依存する」
146	☐	cabinet [kǽbənət キャビネット]	名C 戸棚、キャビネット	» filing cabinet「書類整理棚」
147	☐	clerk [klə́:rk クラーク]	名C 事務員	» filing clerk「文書(整理)係」
148	☐	over time	成句 時間とともに、徐々に、次第に	
149	☐	(when) compared with ～	成句 ～と比べて	◎ 024 compare
150	☐	measure [méʒər メヂャー]	他動 ～を計る、評価する	
151	☐	share [ʃéər シェアー]	他動 ～を共有する	
152	☐	inequality [ìnɪkwά:ləti イニクワーリティ]	名U 不公平、不平等	⇔ equality「平等」
153	☐	observe [əbzə́:rv オブザーヴ]	他動 ～を観察する	◎ 252 observation
154	☐	decade [dékeɪd デケイド]	名C 10年	

DAY 6 語句

DAY 7

155	organize [ɔ́ːrɡənàɪz オーガナイズ]	他動 ～を組織する
156	notably [nóʊtəbli ノウタブリィ]	副 とりわけ
157	initial [ɪníʃəl イニシャゥ]	形 最初の » 名詞で「頭文字, イニシャル」の意味でも使う。
158	purpose [pə́ːrpəs パーパス]	名 C U 目的
159	provide [prəváɪd プロヴァイド]	他動 ～を提供する » provide O for ~「～にOを提供する」。「誰に」提供するかに重点がある。provide O with ~「Oに～を提供する」と言うと, 「何を」提供するかに重点が置かれる。
160	generally [dʒénərəli チェネラリィ]	副 一般に
161	It is not long before ~	成句 間もなく～するようになる
162	recreational [rèkriéɪʃənəl レクリエイショノウ]	形 娯楽の » recreational activity「レクリエーション活動, 娯楽的活動」
163	employee [èmplɔ́ːiː エムプロイイー]	名 C 従業員 ☺106 employer
164	occasion [əkéɪʒən オケイヂョン]	名 C 機会, 場 » case「場合」
165	attend [əténd アテンド]	他動 ～に参加する ☺171 attendance
166	support [səpɔ́ːrt サポート]	他動 ～を応援する
167	character [kǽrəktər キャラクター]	名 U 性格, 性質
168	primary [práɪmèri プライメリィ]	形 一番の, 主な ☺183 primarily
169	financial [fənǽnʃəl フィナンシャゥ]	形 経済的な
170	surpass [sərpǽs サーパス]	他動 ～をしのぐ
171	attendance [əténdəns アテンダンス]	名 C 参加者数, 出席者数 ☺165 attend
172	decline [dɪkláɪn ディクライン]	自動 下降する, 減る
173	decrease [díːkriːs ディークリース]	名 C U 減少 » 動詞「減少する」はふつう[diːkríːs]。⇔ increase「増加(する)」
174	spectator [spékteɪtər スペクテイター]	名 C 観客
175	spectacular [spektǽkjələr スペクタキュラー]	形 目を見張らせる
176	force [fɔ́ːrs フォース]	他動 強いる » force O to do(~)「Oに～することを強いる」☺423 reinforce
177	sponsorship [spɑ́ːnsərʃɪp スパーンサーシップ]	名 U 資金提供
178	advertise [ǽdvərtàɪz アドヴァータイズ]	自動 宣伝する, 広告する
179	sum [sʌ́m サム]	名 C 金額 » large sums of ~「高額の～, 莫大な額の～」
180	suburb [sʌ́bəːrb サバーブ]	名 C 郊外 » the suburbsで用いることが多い。
181	no longer	成句 もはや～ない
182	genuinely [dʒénjuɪnli チェニュインリィ]	副 純粋に

183	☐	primarily [praɪmérəli プライメリリィ]	副 主として ⊚168 primary
184	☐	consumer [kəns(j)úːmər コンスーマー]	名C 消費者 ⊚023 consume
185	☐	involvement [ɪnváːlvmənt インヴァールヴメント]	名CU かかわること，かかわり ⊚081 involve, 214 involve
186	☐	lead to ~	成句 ～に至る
187	☐	violence [váɪələns ヴァイオレンス]	名U 暴力
188	☐	loyalty [lɔ́ɪəlti ロイアウティ]	名U 忠誠，忠義
189	☐	invade [ɪnvéɪd インヴェイド]	他動 ～に侵入する
190	☐	beyond recognition	成句 見違えるほど，原形をとどめないほど ≫見て認識すること(recognition)を超える(beyond)→見てもそれが何か認識できない。
191	☐	run [rán ラン]	他動 ～を運営する
192	☐	right [ráɪt ライト]	名U 権利 ≫ a [the] right to do (~)「～する権利」
193	☐	televise [téləvàɪz テレヴァイズ]	他動 ～をテレビ放映する
194	☐	trade [tréɪd トレイド]	他動 ～を交換する，トレードする
195	☐	such as A	成句 Aといった，Aなどの
196	☐	represent [rèprɪzént レプリゼント]	他動 ～を代表する
197	☐	whatever [wʌtévər ワテヴァー]	形 いかなる～が [を] (…しようとも)
198	☐	occur [əkə́ːr オカー]	自動 起こる，生じる
199	☐	constant [káːnstənt カーンスタント]	形 不変の

DAY 8

200	☐	immigrant [ímɪgrənt イミグラント]	形 移民の
201	☐	decision [dɪsíʒən ディスィジョン]	名U 判断，決断
202	☐	bring up	成句 ～を育てる
203	☐	familiar [fəmíljər ファミリャー]	形 精通して ≫ be familiar with ~「～に精通している」。be familiar to ~「～によく知られている」との違いに注意。
204	☐	motivate [móʊtəvèɪt モウティヴェイト]	他動 動機・意欲を与える ≫ motivate O to do (~)「Oを～する気にさせる」
205	☐	integrate [íntəgrèɪt インテグレイト]	他動 融和させる ≫ integrate O into ~「Oを～に融和させる」
206	☐	pass on ~ to ...	成句 ～を…に伝える
207	☐	challenge [tʃǽlɪndʒ チャリンヂ]	名C 課題，問題
208	☐	contact [káːntækt カーンタークト]	名U 接触 ≫ have contact with ~「～と接触がある」
209	☐	background [bǽkgràʊnd バクグラウンド]	名C 背景，経歴

210	somewhat [sʌ́mwʌ̀t サムワット]	副 いくぶん，やや，多少
211	nonetheless [nʌ̀nðəlés ナンザレス]	副 それにもかかわらず » none the less ‐「その分～でないということはない」から派生したもの。
212	result [rɪzʌ́lt リザゥト]	名C 結果　» as a result「その結果」　☺ 334 result
213	competition [kὰ:mpətíʃən カームペティション]	名U 競争
214	involve [ɪnvɑ́:lv インヴァーゥヴ]	他動 ～を巻き込む，かかわらせる　» be involved in ‐「～にかかわっている」　☺ 081 involve, 185 involvement
215	proceed [prəsí:d プロスィード]	自動 進む

DAY 9

216	removed [rɪmú:vd リムーヴド]	形 隔たった
217	commonly [kɑ́:mənli カーマンリィ]	副 一般に，よく
218	creature [krí:tʃər クリーチャー]	名C 生物　☺ 084 create
219	think of A as B	成句 AのことをBだと考える
220	flesh [fléʃ フレッシ]	名U 肉，身
221	instance [ínstəns インスタンス]	名C 例　» for instance「たとえば」
222	vegetarian [vèdʒətéəriən ヴェジテアリアン]	形 菜食主義者で，ベジタリアンで
223	respond [rɪspɑ́:nd リスパーンド]	自動 反応する
224	perceive [pərsí:v パースィーヴ]	他動 知覚する　» perceive O as ‐「Oを～だと感じる」
225	being [bí:ɪŋ ビーイング]	名C 存在
226	matter [mǽtər マター]	自動 重要である　» matter to ‐「～にとって重要である」　☺ 099 matter
227	relate [rɪléɪt リレイト]	自動 関わる　» relate to ‐「～と関わりあう」　☺ 135 relative
228	mindless [máɪndləs マインドレス]	形 愚かな
229	assume [əs(j)ú:m アスーム]	他動 みなす，想定する　» assume O to be ‐「Oを～だとみなす」
230	demonstrate [démənstrèɪt デモンストレイト]	他動 証明する　» demonstrate that ‐「～ということを証明する」
231	possess [pəzés ポゼス]	他動 ～を所有する
232	capacity [kəpǽsəti カパスィティ]	名U 能力　☺ 076 capable
233	yield [jí:ld イーゥド]	他動 ～を生み出す
234	evidence [évədəns エヴィデンス]	名U 証拠
235	span [spǽn スパン]	名C 幅，期間　☺ 036 lifespan
236	at least	成句 少なくとも

237	☐	moreover [mɔːróuvər モーオウヴァー]	副	さらに、その上
238	☐	surroundings [səráundɪŋz サラウンディングズ]	名複	環境　☺ 295 surround
239	☐	allow [əláu アラウ]	他動	許す　» allow O to do (~)「Oが〜することを認める、許す」
240	☐	memorize [méməràɪz メモライズ]	他動	〜を記憶する
241	☐	adapt [ədǽpt アダプト]	自動	順応する　» adapt to ~「〜に順応する」
242	☐	similarly [símələrli スィミラーリィ]	副	同様に　☺ 247 similar
243	☐	inject [ɪndʒékt インヂェクト]	他動	〜を注入する　» inject O with ~「Oに〜を注入する」
244	☐	painful [péɪnfl ペインフゥ]	形	痛みをもたらす
245	☐	substance [sʌ́bstəns サブスタンス]	名C	物質
246	☐	exhibit [ɪɡzíbɪt イグズィビット]	他動	〜を示す
247	☐	similar [símələr スィミラー]	形	似ている　» be similar to ~「〜に似ている」　☺ 242 similarly
248	☐	stressed [strést ストレスト]	形	ストレスを与えられた
249	☐	rub [rʌ́b ラブ]	他動	〜をこする　» rub O on ~「Oを〜にこすりつける」
250	☐	resume [rɪz(j)úːm リズューム]	他動	〜を再開する
251	☐	latter [lǽtər ラター]	名単	(the latterで) 後者　» latterはlateの比較級。「二つのうちで順番が遅いほう」という意味で、the＋比較級の形をとる。⇔ the former「前者」
252	☐	observation [ɑ̀ːbzərvéɪʃən アーブザヴェイション]	名CU	観察　☺ 153 observe
253	☐	consequently [kɑ́ːnsəkwèntli カーンセクウェントリィ]	副	その結果　» 212 as a resultと同意だが、堅い語。

DAY 10

254	☐	politician [pɑ̀ːlətíʃən パーリティシャン]	名C	政治家
255	☐	extent [ɪkstént イクステント]	名U	程度、範囲　» to some extent「ある程度」
256	☐	have (a) high regard for	成句	〜に高い敬意を払う
257	☐	profession [prəféʃən プロフェション]	名C	職業
258	☐	attempt [ətémpt アテムプト]	他動	企てる　» attempt to do (~)「〜しようとする」
259	☐	criticize [krítəsàɪz クリティサイズ]	他動	〜を非難する、批判する
260	☐	indeed [ɪndíːd インディード]	副	実際、それどころか　» 前言の内容を補強することを言い足すときに使う。
261	☐	at the moment	成句	目下、現在

#		語句	意味
262	☐	instead [ɪnstéd インステッド]	副 その代わりに
263	☐	in public	成句 人前で
264	☐	educated [édʒəkèɪtɪd エヂュケイティド]	形 教養のある
265	☐	attract [ətrǽkt アトラクト]	他動 ～を魅了する » be attracted to -「～に惹かれる」
266	☐	not A but B	成句 AではなくB
267	☐	policy [pɑ́:ləsi パーリスィ]	名C 政策
268	☐	advocate [ǽdvəkèɪt アドヴォケイト]	他動 ～を主張する » vocal「名 ボーカル」「形 声にだした, (be vocalで)はっきりものを言う」
269	☐	virtuous [vɚ́:rtʃuəs ヴァーチュアス]	形 高潔な, 道徳的な
270	☐	charisma [kərízmə カリズマ]	名U カリスマ性
271	☐	fascinate [fǽsənèɪt ファスィネイト]	他動 ～を魅了する
272	☐	totalitarian [toʊtæ̀lətéəriən トウタリテアリアン]	形 全体主義の
273	☐	tyrant [táɪrənt タイラント]	名C 君主, 暴君
274	☐	vast [vǽst ヴァスト]	形 膨大な, 莫大な
275	☐	come to power	成句 権力の座につく, 政権を握る
276	☐	desperation [dèspəréɪʃən デスパレイション]	名U 自暴自棄, 絶望
277	☐	performative [pərfɔ́:rmətɪv パフォーマティヴ]	形 遂行的な
278	☐	compel [kəmpél カムペゥ]	他動 強いる » compel O to do(-)「Oに～することを強いる」
279	☐	persuade [pərswéɪd パースウェイド]	他動 ～を説得する » persuade O to do(-)「～に…するよう説得する」
280	☐	opportunist [à:pərt(j)ú:nəst アパテューニスト]	名C 日和見主義者 » opportunity「機会」
281	☐	fate [féɪt フェイト]	名CU 運命
282	☐	arise [əráɪz アライズ]	自動 生じる
283	☐	happen to do(-)	成句 たまたま～する
284	☐	right for	成句 ～に適した
285	☐	aware [əwéər アウェアー]	形 気がついて » be aware of -「～に気がついている」
286	☐	fool [fú:l フーゥ]	他動 ～をだます » fool O into -「Oをだまして～させる」
287	☐	rather than	成句 ～よりもむしろ
288	☐	reason [rí:zn リーズン]	名U 理性, 道理
289	☐	foremost [fɔ́:rmòʊst フォアモウスト]	副 真っ先に » first and foremost「何よりもまず」
290	☐	go back to	成句 ～に遡る

291	ancient [éɪnʃənt エインシャント]	形 古代の
292	civic [sívɪk スィヴィック]	形 市民の　» civic society「市民社会」
293	society [səsáɪəti ソサイエティ]	名 C U 社会
294	undertake [ʌ̀ndərtéɪk アンダーテイク]	他動 ～を始める，着手する
295	surround [səráʊnd サラウンド]	他動 ～を囲む　◎ 238 surroundings
296	It may be that	成句 もしかしたら～かもしれない
297	emotional [ɪmóʊʃənəl イモウショノウ]	形 感情的な

DAY 11

298	conversion [kənvə́ːrʒən カンヴァージョン]	名 C U 変換　» conversion into ~「～への変換」 ◎ 301 convert
299	absorb [əbzɔ́ːrb アブゾーブ]	他動 ～を吸収する
300	extract [ɪkstrǽkt イクストラクト]	他動 ～を抽出する
301	convert [kənvə́ːrt カンヴァート]	他動 ～を変換する　» convert O into ~「Oを～に変換する」 ◎ 298 conversion
302	indirect [ɪ̀ndərékt インディレクト]	形 間接的な　» ⇔ direct「直接的な」
303	advantage [ədvǽntɪdʒ アドヴァンティヂ]	名 C 利点，メリット
304	well(-)suited [wélsúːtɪd ウェルスーティド]	形 適合した
305	substitute [sʌ́bstət(j)ùːt サブスティトュート]	名 C 代用(品)
306	fuel [fjúːəl フューオウ]	他動 ～を(燃料で)動かす　» 名詞では「燃料」の意 ◎ 325 fossil(-)fuel
307	transportation [træ̀nspərtéɪʃən トランスポーテイション]	名 U 輸送，運送
308	renewable [rɪn(j)úːəbəl リニューアボウ]	形 再生可能な　◎ 310 renew
309	depend [dɪpénd ディペンド]	自動 依存する　» depend upon[on] ~「～に依存する」
310	renew [rɪn(j)úː リニュー]	他動 ～を再生する　◎ 308 renewable
311	fix [fíks フィックス]	他動 ～を固定する
312	atmosphere [ǽtməsfɪər アトモスフィアー]	名 単 大気　» sphere「球体；分野・領域」
313	release [rɪlíːs リリース]	他動 ～を放つ，放出する
314	emit [ɪmít イミット]	他動 ～を排出する　◎ 335 emission
315	balance [bǽləns バランス]	他動 ～のバランスを保たせる
316	amount [əmáʊnt アマウント]	名 C (総)量　◎ 007 amount
317	theory [θíːəri スィーアリィ]	名 U 理論　» in theory「理論上」
318	contribute [kəntríbjuːt カントリビュート]	自動 一因になる　» contribute to ~「～の一因になる」

#		単語	品詞	意味	参照
319	☐	neutral [n(j)úːtrl ヌートゥロウ]	形	中立の	» CO_2-neutral「CO_2の排出量と吸収量のバランスのとれた」
320	☐	pollution [pəlúːʃən ポルーション]	名U	公害	◎ 323 pollutant
321	☐	pollution-free [pəlùːʃənfríː ポルーションフリー]	形	公害のない	
322	☐	significant [sɪgnífɪkənt スィグニフィカント]	形	大きな影響を与える	◎ 026 significantly
323	☐	pollutant [pəlúːtənt ポルータント]	名CU	汚染物質	◎ 320 pollution
324	☐	except [ɪksépt イクセプト]	前	〜を除いて	» except for -「〜を除いて」
325	☐	fossil(-)fuel [fáːsl fjúːəl ファースゥ フューオウ]	名CU	化石燃料	◎ 306 fuel
326	☐	companion [kəmpǽnjən カムパーニャン]	名C	仲間	
327	☐	furnace [fə́ːrnəs ファーニス]	名C	かまど, 加熱炉	
328	☐	furthermore [fə́ːrðərmɔ̀ːr ファーザーモー]	副	さらに, その上	
329	☐	emerge [ɪmə́ːrdʒ イマーヂ]	自動	出現する, 浮かび上がる	» emergency「(ふいに現れること→) 緊急事態」
330	☐	switch [swítʃ スウィッチ]	他動	〜を切り替える	» switch - from A to B「〜をAからBに切り替える」
331	☐	food material	成句	食品材料	
332	☐	strip [strip ストリップ]	他動	〜から剥ぎ取る	» strip A of B「AからBを剥ぎ取る」 cf. strip A from[off] B「BからAを剥ぎ取る」
333	☐	ironically [aɪrάːnɪkəli アイラーニカリィ]	副	皮肉にも	» 文修飾の副詞。
334	☐	result in	成句	〜に終わる	» 212 as a result
335	☐	emission [ɪmíʃən イミッション]	名C	排出物	◎ 314 emit
336	☐	environmental [envàɪərnméntəl エンヴァイアーンメンタル]	形	環境的な	
337	☐	sustainable [səstéɪnəbl サスティナボウ]	形	持続可能な	◎ 029 unsustainable
338	☐	productive [prədʌ́ktɪv プロダクティヴ]	形	生産力のある, 産出力のある	◎ 073 produce

DAY 12

#		単語	品詞	意味	参照
339	☐	intend [ɪnténd インテンド]	他動	〜を意図する	
340	☐	from the beginning	成句	初めから, 最初から	
341	☐	sibling [síblɪŋ スィブリング]	名C	兄弟姉妹	» 男女の区別なく「きょうだい」を指すのに使う, 堅い語。
342	☐	benefit [bénəfɪt ベネフィット]	自動	得をする	◎ 020 beneficial
343	☐	little	副	決して〜ない	» 動詞の前に置く。否定語なので, 文頭に出すとその後が疑問文の語順になる。文語的。

344	☐	be about to *do*(~)	成句	まさに~しようとしている
345	☐	impact [ímpækt イムパクト]	他動	~に影響を与える
346	☐	proudly [práudli プラウドリィ]	副	誇らしげに
347	☐	pin [pín ピン]	名C	ピンバッチ
348	☐	take to	成句	~に専念する
349	☐	duty [d(j)ú:ti デューティ]	名CU	義務，務め
350	☐	giggle [gígl ギグゥ]	自動	クスクス笑う
351	☐	swing [swíŋ スウィング]	名C	ブランコ
352	☐	favor [féivər フェイヴァー]	名C	恩，親切な行為 » return the favor「恩返しする，恩に報いる」。イギリス英語ではfavourと綴る。
353	☐	comforting [kʌ́mfərtiŋ カムフォーティング]	形	安らぎを与えてくれる，慰めてくれる » comfortable「快適な」
354	☐	midst [mídst ミドスト]	名U	真ん中，最中 » in the midst of ~「~の最中に」
355	☐	over	前	~をめぐって
356	☐	all but	成句	ほとんど~ » 形容詞の前に置いて使うことが多いが，動詞の前に置いて使うこともある。almostと同意。
357	☐	calm [ká:m カーム]	他動	~をなだめる
358	☐	remark [rimá:rk リマーク]	自動	述べる » remark to ~「~に述べる」
359	☐	wipe [wáip ワイプ]	他動	~をふく，拭う » wipe away ~「~を拭い去る」
360	☐	manage [mǽnidʒ マニジ]	他動	何とかする » manage to *do*(~)「何とか~する」
361	☐	exact [igzǽkt イグザークト]	形	まさにその
362	☐	fail [féil フェイゥ]	自動	失敗する » fail to *do*(~)「~できない」
363	☐	get along	成句	仲良くする

DAY 13

364	☐	have the fear of	成句	~が怖い
365	☐	haunt [hɔ́:nt ホーント]	他動	~を悩ます » haunted「悪夢につきまとわれた；幽霊の出る」
366	☐	threat [θrét スレット]	名C	脅威
367	☐	manipulate [mənípjəlèit マニピュレイト]	他動	操作する，コントロールする
368	☐	evil [í:vl イーヴゥ]	形	邪悪な ◎ 421 evil
369	☐	horribly [hɔ́:rəbli ホーリブリィ]	副	ひどく
370	☐	contrast [ká:ntræst カーントラスト]	名CU	対照，対比 » by contrast「それに反して」
371	☐	view [vjú: ヴュー]	他動	~をみなす » view O as ~「Oを~とみなす」
372	☐	portray [pɔ:rtréi ポートレイ]	他動	~を描く

#		語句	意味
373	☐	light [láɪt ライト]	名C 観点　» in a positive light「肯定的な観点で」
374	☐	refer [rɪfəːr リファー]	自動 言及する　» refer to ~「～に言及する」
375	☐	odd [ɑ́:d アード]	形 変な
376	☐	obvious [ɑ́:bvɪəs アーブヴィアス]	形 明白な
377	☐	bulk [bʌ́lk バウク]	名単 (the bulk of ~ で) ～の大半
378	☐	enthusiast [enθ(j)úːziæst エンスーズィアスト]	名C マニア，ファン
379	☐	hack [hǽk ハク]	他動 ～をハッキングする
380	☐	predictable [prɪdíktəbl プリディクタボウ]	形 予測可能な
381	☐	fake [féɪk フェイク]	形 偽の
382	☐	interactive [ɪntəræktɪv インタラクティヴ]	形 双方向性の，対話式の
383	☐	multiply [mʌ́ltəplaɪ マルティプライ]	自動 増える
384	☐	cite [sáɪt サイト]	他動 ～を引き合いに出す
385	☐	reluctant [rɪlʌ́ktənt リラクタント]	形 気が進まない　» be reluctant to do (~)「しぶしぶ～する」
386	☐	overcome [òʊvərkʌ́m オウヴァーカム]	他動 ～を克服する
387	☐	intimidating [ɪntímɪdèɪtɪŋ インティミデイティング]	形 脅威的な
388	☐	investigate [ɪnvéstəgèɪt インヴェスティゲイト]	他動 ～を調べる
389	☐	monitor [mɑ́:nətər マーニター]	他動 ～を観察する，観測する，監視する
390	☐	participant [pɑːrtísəpənt パーティスィパント]	名C 参加者
391	☐	myth [mɪ́θ ミス]	名C 神話，通説
392	☐	rarely [réərli レアーリィ]	副 めったに～ない
393	☐	look A in the eye	成句 Aの目を見つめる　» この表現ではlookを他動詞として用いる。
394	☐	suggest [sʌgdʒést | sədʒést (米) サグチェスト (英) サチェスト]	他動 示唆する　» suggest that ~「～ということを示唆する」
395	☐	at ease	成句 くつろいで，安心して

DAY 14

#		語句	意味
396	☐	trial [tráɪəl トライアウ]	名C U 裁判
397	☐	come to do (~)	成句 ～するようになる
398	☐	take place	成句 起こる，生じる　»「(予定されていたことが)行われる」の意味で用いるのが原則だが，事故・災害などにも使われる。
399	☐	dauntingly [dɔ́:ntɪŋli ドーンティングリィ]	副 ゾッとするほど，荘厳な

400	☐	magnificent [mægnífəsənt マグニフィセント]	形	堂々とした	
401	☐	cliff [klíf クリフ]	名C	崖	
402	☐	adventurous [ədvéntʃərəs アドヴェンチュラス]	形	冒険好きな	≫名詞はadventure「冒険」。
403	☐	structure [strʌ́ktʃər ストラクチャー]	名C	建物，構造物	
404	☐	ivory [áɪvəri アイヴォリィ]	名U	象牙	
405	☐	lumber [lʌ́mbər ランバー]	名U	材木	
406	☐	colonize [kɑ́:lənàɪz カーロナイズ]	自動	植民地を建設する	
407	☐	enduring [end(j)ʊ́ərɪŋ エンドゥアリング]	形	不朽の，永続的な	◎045 during
408	☐	hold on to	成句	～にしがみつく	
409	☐	piracy [páɪrəsi パイラスィ]	名CU	海賊行為	
410	☐	regional [rí:dʒənəl リージョナウ]	形	地域の	≫名詞はregion「地域」。
411	☐	headquarters [hédkwɔ̀:rtərz ヘッドクウォーターズ]	名複	本部	≫単複同形。headquarterという単数形はない。
412	☐	monopoly [mənɑ́:pəli マナーポリィ]	名巣	独占，専売	
413	☐	slave [sléɪv スレイヴ]	名C	奴隷	◎414 slavery
414	☐	slavery [sléɪvəri スレイヴァリィ]	名U	奴隷制度	◎413 slave
415	☐	imposing [ɪmpóʊzɪŋ イムポウズィング]	形	一目をひく，堂々とした	
416	☐	sufficiently [səfíʃəntli サフィシャントリィ]	副	十分に	≫enoughとほぼ同意だが，堅い語。
417	☐	restore [rɪstɔ́:r リストー]	他動	～を修復する	
418	☐	including [ɪnklú:dɪŋ インクルーディング]	前	～を含む	
419	☐	poignant [pɔ́ɪnjənt ポイニャント]	形	心の痛む	≫「刺す」という意味の古仏語(poindre)の現在分詞(poignant「先のとがった」)が語源。cf. pointed「先のとがった」
420	☐	illustration [ìləstréɪʃən イラストレイション]	名C	実例	
421	☐	evil [í:vl イーヴゥ]	名C	邪悪	◎368 evil
422	☐	dire [dáɪər ダイアー]	形	恐ろしい	≫dinosaur「恐竜」(←dino-「恐ろしい」+saurus「トカゲ」)
423	☐	reinforce [rì:ɪnfɔ́:rs リーインフォース]	他動	～を強化する	◎176 force
424	☐	fort [fɔ́:rt フォート]	名C	要塞，交易市場	≫「強いもの」が原義。forceと同語源。
425	☐	design [dɪzáɪn ディザイン]	他動	～を設計する	≫be designed to do(-)「～するように設計されている」
426	☐	by far	成句	はるかに～	≫最上級を強める。
427	☐	austere [ɔ:stíər オースティアー]	形	質素な，飾り気のない	

428	☐	forbidding [fərbídɪŋ フォービディング]	形 怖い, 恐ろしい
429	☐	infamous [ínfəməs インファマス]	形 悪名高い ≫ famous「有名な」
430	☐	tens of thousands of	成句 何万もの〜 ◎108 millions of 〜, 120 hundreds of 〜
431	☐	hapless [hǽpləs ハプレス]	形 不運な ≫ hap-は「運」を意味し, happenやhappyにも含まれている。
432	☐	shackle [ʃǽkl シャクゥ]	名C 手かせ足かせ
433	☐	eventually [ɪvéntʃuəli イヴェンチュアリィ]	副 やがて ≫ 名詞はevent「出来事」。形容詞eventualは「最終的には起こる〜, やがては起こる〜」。
434	☐	rigour [rígər リガー]	名U (the rigo(u)r of 〜 または the rigo(u)rs of 〜 で) 〜の厳しさ ≫ アメリカ英語ではrigorと綴る。
435	☐	overcrowded [òuvərkráudɪd オウヴァークラウディド]	形 人が多すぎる
436	☐	quarter [kwɔ́ːrtər クウォーター]	名C 地域

DAY 15

437	☐	stand out	目立つ
438	☐	inspiring [ɪnspáɪərɪŋ インスパイアリング]	形 鼓舞する, 奮い立たせる ◎461 inspire
439	☐	flexible [fléksəbl フレクスィブゥ]	形 柔軟な, 適応性のある ◎459 flexibility
440	☐	come to mind	成句 心に浮かぶ, 頭に浮かぶ
441	☐	make for	成句 〜に役立つ
442	☐	influence [ínfluəns インフルエンス]	他動 〜に影響を与える
443	☐	manage [mǽnɪdʒ マニヂ]	他動 〜をうまく処理する ◎360 manage to do, 467 management
444	☐	achieve [ətʃíːv アチーヴ]	他動 〜を達成する
445	☐	long-term [lɔ́(ː)ŋtə́ːrm ロングターム]	形 長期の, はるか先の
446	☐	utilize [júːtəlàɪz ユーティライズ]	他動 〜を活用する, 利用する
447	☐	talented [tǽləntɪd ターレンティド]	形 優れた, 才能のある
448	☐	lawmaker [lɔ́ːmèɪkər ローメイカー]	名C 立法者, 議員
449	☐	will [wɪl ウィル]	名CU 意志
450	☐	steady [stédi ステディ]	形 安定した
451	☐	focus [fóukəs フォウカス]	他動 〜を集中させる ≫ focus O on 〜「Oを〜に集中させる」
452	☐	objective [əbdʒéktɪv オブヂェクティヴ]	名C 目的, 目標
453	☐	in spite of	成句 〜にもかかわらず ◎027 despite
454	☐	defined [dɪfáɪnd ディファインド]	形 定義された, 明確な

455	☐	perspective [pərspéktɪv パースペクティヴ]	名C 視点
456	☐	prepare [prɪpéər プリペアー]	他動 〜を準備する　» be prepared to do(〜)「〜する覚悟・準備ができている」
457	☐	direct [dərékt ディレクト]	他動 〜を指図する，管理する　☺ 302 indirect
458	☐	wartime [wɔ́ːrtàɪm ウォータイム]	形　戦時中の
459	☐	flexibility [flèksəbíləti フレクスィビリティ]	名U 柔軟性　☺ 439 flexible
460	☐	carry out	成句 〜を実行する
461	☐	inspire [ɪnspáɪər インスパイアー]	他動 〜を鼓舞する　» inspire 〜 to do(...)「〜に…するように鼓舞する，〜を刺激して…させる」 ☺ 438 inspiring
462	☐	stretch [strétʃ ストレッチ]	自動 背伸びをする
463	☐	mission [míʃən ミッション]	名CU 任務，使命
464	☐	compromise [kάːmprəmàɪz カームプロマイズ]	他動 (信念など)を曲げる，妥協・譲歩する
465	☐	moral standard(s)	成句 道徳水準
466	☐	expert [ékspəːrt エクスパート]	名C 専門家
467	☐	management [mǽnɪdʒmənt マニヂメント]	名U 経営，管理，運営　☺ 360・443 manage

DAY 15 語句

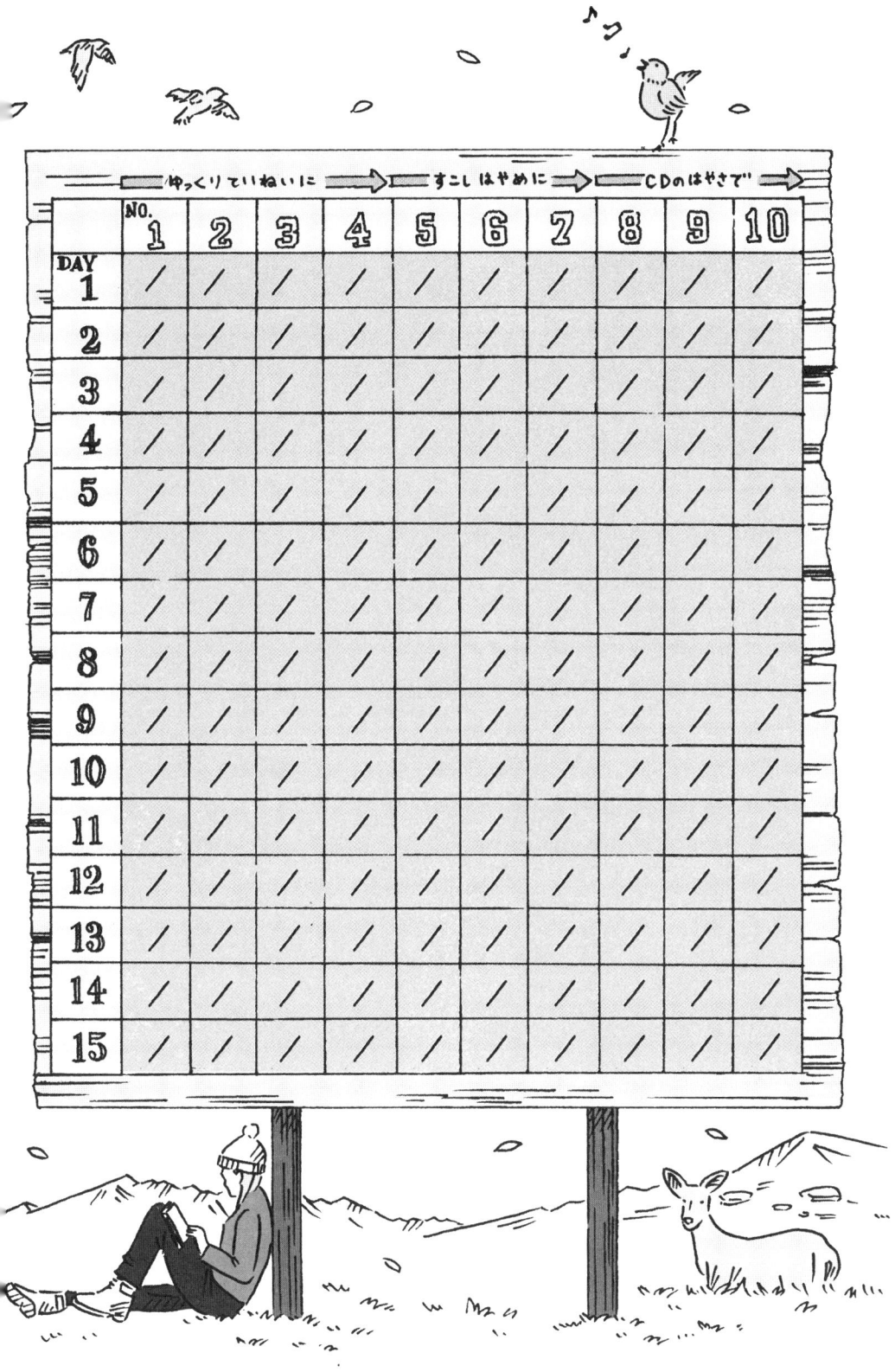

	ゆっくりていねいに →			すこしはやめに →			CDのはやさで →		
NO.	1	2	3	4	5	6	7	8	9	10
DAY 1	/	/	/	/	/	/	/	/	/	/
2	/	/	/	/	/	/	/	/	/	/
3	/	/	/	/	/	/	/	/	/	/
4	/	/	/	/	/	/	/	/	/	/
5	/	/	/	/	/	/	/	/	/	/
6	/	/	/	/	/	/	/	/	/	/
7	/	/	/	/	/	/	/	/	/	/
8	/	/	/	/	/	/	/	/	/	/
9	/	/	/	/	/	/	/	/	/	/
10	/	/	/	/	/	/	/	/	/	/
11	/	/	/	/	/	/	/	/	/	/
12	/	/	/	/	/	/	/	/	/	/
13	/	/	/	/	/	/	/	/	/	/
14	/	/	/	/	/	/	/	/	/	/
15	/	/	/	/	/	/	/	/	/	/